媒介传播与文化交流研究

马海霞 著

中国商业出版社

图书在版编目(CIP)数据

媒介传播与文化交流研究 / 马海霞著. -- 北京 :
中国商业出版社，2024. 8. -- ISBN 978-7-5208-3103-1

Ⅰ. G206.2

中国国家版本馆 CIP 数据核字第 2024D642Q1 号

责任编辑:孔祥莉

中国商业出版社出版发行

(www.zgsycb.com　100053　北京广安门内报国寺 1 号)

总编室:010－63180647　编辑室:010－63033100

发行部:010－83120835/8286

新华书店经销

北京虎彩文化传播有限公司印刷

*

787 毫米×1092 毫米　16 开　8 印张　143 千字

2024 年 8 月第 1 版　2024 年 8 月第 1 次印刷

定价:45.00 元

* * * *

(如有印装质量问题可更换)

前　言

在全球化浪潮的推动下，媒介传播与文化交流已成为当代社会不可或缺的两个重要组成部分。媒介，作为信息的载体，不仅极大地促进了信息的快速传递，而且在无形中塑造着我们的认知世界。文化交流，则是不同文化背景下的人们相互理解、相互尊重的桥梁，它丰富了人类的精神世界，促进了社会的和谐发展。

媒介传播与文化交流之间存在着密不可分的关系。媒介传播不仅承担着传递信息的基本职责，还在传递信息的过程中，将不同地域、不同文化背景下的习俗、传统等融入其中，从而促进了文化的交流与融合。同时，文化交流也为媒介传播提供了源源不断的内容与灵感，使媒介传播更加丰富多彩、具有深度。

本书以媒介传播概述为切入点，论述了文化交流概述、传统媒介与文化交流，并对媒介传播在文化交流中的具体应用进行深入探讨。希望通过本书的介绍，能够为读者在学习媒介传播与文化交流方面知识时提供帮助。

尽管笔者力求完善，但囿于时间和能力水平，本书仍存在一些问题，如对某些问题的研究还缺乏深度，论述不够展开等。对此，笔者将在今后的研究中进一步完善，同时也希望各位读者提出宝贵意见。

马海霞

2024 年 6 月

目　录

第一章　媒介传播概述 …… 1

第一节　媒介传播的基本概念 …… 1

第二节　媒介传播的理论基础 …… 9

第三节　媒介传播的模式 …… 19

第四节　媒介传播的社会影响与作用 …… 26

第二章　文化交流概述 …… 34

第一节　文化交流的概念与特点 …… 34

第二节　文化交流的基本原则 …… 41

第三节　文化交流的社会影响与作用 …… 52

第三章　传统媒介与文化交流 …… 62

第一节　印刷媒介中的文化交流 …… 62

第二节　广播媒介中的文化交流 …… 72

第三节　电视媒介中的文化交流 …… 83

第四章　媒介传播在文化交流中的具体应用 …… 94

第一节　新闻报道中的文化交流 …… 94

第二节　社交媒体中的文化交流 …… 105

第三节　数字化媒介中的文化交流 …… 113

参考文献 …… 121

第一章　媒介传播概述

第一节　媒介传播的基本概念

一、媒介传播的基本定义

从内涵来看，媒介传播涉及信息的编码、传递、解码等一系列环节，是传播者、受众、媒介之间相互作用的结果。传播者根据传播目的和受众特点，选择恰当的符号将信息编码成可以传播的形式；媒介作为信息的载体，将编码后的信息从传播者传递至受众；受众根据自身的知识背景和理解能力，对接收到的信息进行解码和意义建构。在这一过程中，信息并非单向流动，而是在传播者和受众之间循环往复、不断递进，形成动态的交流和互动。

从外延来看，媒介传播几乎渗透到社会生活的方方面面。政治、经济、文化、教育、娱乐等领域都离不开媒介传播。通过媒介，政府可以传达方针政策，引导社会舆论；商家可以进行产品推广，扩大品牌影响；文化机构可以传承优秀传统，推动文明进步；学校可以开展教学活动，传授科学知识；大众可以表达观点，参与公共讨论。

媒介传播以其独特的优势，深刻影响着人类社会的发展。

第一，媒介传播突破了时间和空间的限制，使信息的传播更加快捷便利。无论相隔多远，人们都可以通过媒介进行实时交流和互动。这极大地拓宽了人们的交往范围，促进了不同地区、不同文化之间的沟通和理解。

第二，媒介传播丰富了信息获取的渠道和方式，为人们提供了更多样化的选择。报刊、广播、电视、网络等多种媒介共存，满足了人们不同层次的信息需求。

第三，媒介传播提高了信息传播的效率和效果。通过媒介，信息可以在短时间内传递给广泛的受众，产生积极的社会影响。媒介传播在提高公众认知、凝聚社会共识、推动社会进步中发挥着不可替代的作用。

二、媒介传播的主要特征

（一）广泛性

1. 政治领域

媒介传播是连接政府与公众的重要纽带。具体可以通过新闻报道、评论分析、舆论监督等方式，增进政府决策的透明度，促进公众对公共事务的参与和讨论，推动民主政治的健康发展。可以说，媒介已经成为现代政治生活中不可或缺的组成部分。

2. 经济领域

媒介传播对市场信息的传递、资源配置的优化发挥着关键作用。企业通过广告、公关等媒介传播手段展示自身形象，推广产品和服务，吸引消费者的关注和青睐。与此同时，媒介传播也为消费者提供了解市场动态、进行理性选择的重要渠道。商业信息的有效流通，不仅促进了供需双方的对接，也推动了经济活动的繁荣和产业结构的优化升级。

3. 文化领域

通过媒介，优秀的文化艺术作品得以触达更广泛的受众，传统文化得以传承和弘扬，多元文化得以交流和碰撞。媒介传播在满足人们日益增长的精神文化需求、提升公众文化素养等方面发挥着不可替代的作用。同时，媒介也是文化创新的重要平台，新的文化形式和表达方式不断涌现。

4. 教育领域

媒介为教育资源的共享和传播提供了便捷渠道，优质的教育内容可以通过广播、电视、网络等媒介惠及更多学习者。在线教育、远程教育等新型教学模式的兴起，更是与媒介技术的发展密不可分。媒介还为学校教育提供了丰富多样的素材和案例，帮助学生拓宽视野、增长见识、提升综合素质。

即使在个人日常生活中，媒介传播也无处不在。人们通过手机、电脑等媒介设备与外界保持联系，获取资讯，表达观点，进行娱乐消遣。媒介已经成为现代人生活方式中不可或缺的组成部分，深刻影响着人们的交往方式、思维习惯和价值观念。

（二）迅速性

从个体层面来看，信息传播速度的提升极大地拓宽了个人获取信息的渠道，丰富了信息来源。人们可以通过各类媒介平台，及时了解国内外最新动态，满足自身多元化的信息需求。同时，快速便捷的信息传播也改变了人们的交往方式，促进了人际沟通和社会交往。无论是工作还是生活，人们都能借助现代传播工具，跨越时空限制，实现实时互动。这种变化不仅提高了生活质量和工作效率，也增进了人与人之间的理解和情感交流。

从社会层面来看，信息传播速度的提升推动了全球化进程，加强了不同国家和地区之间的联系。重大新闻事件、突发公共事件能够通过现代媒介以最快速度传播到世界各地，引起全球范围内的关注和讨论。这种信息传播的迅速性有利于提高公众对全球性问题的认识，形成共同应对挑战的合力。同时，信息在全球范围内的快速流动也促进了不同文化之间的交流与融合，增进了人类命运共同体意识的形成。

从经济层面来看，信息传播速度的提升为商业活动插上了腾飞的翅膀。企业可以借助现代媒介平台，快速、低成本地向潜在消费者传递产品和服务信息，拓展市场空间。电子商务、网络营销等新兴商业模式应运而生，极大地提高了商业运作效率，创造了巨大的经济价值。与此同时，信息传播的迅速性也加剧了市场竞争，倒逼企业加快创新步伐，不断推出新产品、新服务，以适应瞬息万变的市场需求。

（三）互动性

互联网和新媒体的兴起，为受众与媒介之间的互动提供了广阔的平台和多样化的方式。在网络空间中，每一个个体都可以通过评论、转发、点赞等方式表达自己的观点和态度，与媒介展开直接对话。这种便捷、平等的互动方式，打破了传统媒介高高在上的权威形象，拉近了受众与媒介之间的距离。受众不再是被动的信息接收者，而是积极的信息生产者和传播者，他们通过自己的话语真实参与到媒介传播的过程中来，成为传播活动的主体。

媒介传播的互动性不仅体现在技术层面，也体现在心理和情感层面。通过与媒介的互动，受众能够获得心理上的满足和情感上的共鸣。当个人的观点得到媒介的认可和呼应时，他们会感到自己的存在价值和对社会的影响力。而当个人的意见与媒介产生分歧和争议时，这种交锋本身也是一种精神刺激，激发了人们的批判思考和辩证认知。可以说，媒介传播中的互动性满足了受众表达自我、彰显个性的需求，丰富了他们的精神世界和情感体验。

互动性的释放，还催生了媒介传播形态的革新。在互联网时代，诸多新型传播形式应运而生，如网络直播、短视频、H5 等，它们以互动性作为核心特征，重构了传统的传播结构和流程。在这些新型传播形态中，受众不再是游离于传播过程之外的旁观者，而是深度参与其中的互动者。他们可以随时随地通过弹幕、评论等方式发表自己的观点，实现与媒介、与其他受众之间的实时互动。互动性的渗透，让媒介传播呈现出更加立体、多元化的样态，受众的主体性地位得到进一步确立。

三、媒介传播的类型与分类

（一）按传播工具分类

1. 印刷媒介

印刷媒介是人类最早使用的传播工具，主要包括报纸、杂志、图书等纸质媒体。印刷媒介以文字和图片为主要表现形式，通过纸质载体将信息传递给受众。印刷媒介具有存储时间长、便于保存和翻阅的特点，是人们获取知识、了解信息的重要渠道。尽管随着信息科技的进步，印刷媒介的影响力有所下降，但其作为一种传统而经典的传播方式，在某些领域仍然发挥着不可替代的作用。

2. 电子媒介

电子媒介的出现标志着人类传播方式的重大变革。广播、电视、电影等电子媒介利用声音、影像等多种感官元素，为受众营造出身临其境的传播体验。电子媒介打破了传统媒介的时空限制，极大地拓展了信息传播的范围和速度。电视作为电子媒介的代表，以其直观、生动的视听语言和强大的渗透力，深刻影响着人们的生活方式和价值观念。电子媒介的发展还催生了广告、影视娱乐等新兴产业，成为推动经济增长和文化繁荣的重要力量。

3. 网络媒介

随着互联网技术的兴起，网络媒介逐渐成为现代传播的主导形态。网络媒介包括门户网站、搜索引擎、社交平台、即时通信工具等多种类型，其最显著的特点是交互性和即时性。通过网络媒介，人们可以随时随地发布和获取信息，实现多向互动交流。网络媒介打破了传统媒介的“把关人”机制，使得每个人都有机会参与信息的生产和传播。在推动信息民主化的同时，网络媒介也带来了信息混乱、隐私泄露等新的挑战。如何在享受网络媒介便利的同时，提高媒介素养、规避潜在风险，已经成为亟待解决的现实问题。

（二）按传播内容分类

1. 新闻传播

新闻传播是媒介传播的重要组成部分，它以报道和评论社会生活中发生的新近事件为主要内容，旨在满足公众知情权，引导社会舆论。随着媒介技术的飞速发展，新闻传播的渠道日益多样化，除了传统的报纸、广播、电视等大众媒体，网络新闻、移动客户端、自媒体等新兴媒体也成为新闻传播的重要平台。新闻传播不仅要做到内容真实、客观、公正，更要紧扣时代脉搏，用创新的形式和视角呈现新闻，吸引受众眼球。只有不断提升新闻传播的时效性、互动性、多样性，才能更好地发挥其服务社会、引导民意的功能。

2. 娱乐传播

娱乐传播是以满足受众休闲娱乐需求为目的的媒介传播活动。随着社会生活节奏的加快，人们对精神文化生活的需求日益增长。娱乐传播正是顺应这一趋势而蓬勃发展起来的。无论是电影、电视剧，还是综艺节目、网络游戏，都属于娱乐传播的范畴。娱乐传播虽然以娱乐受众为主要目的，但它也肩负着弘扬主旋律、传播正能量的社会责任。优秀的娱乐作品不仅能带给受众欢乐和放松，更能润物无声地影响受众的价值观念和审美情趣。因此，在大力发展娱乐传播的同时，更要注重提升其文化内涵和艺术品位，以高质量的娱乐产品引领社会文化潮流。

3. 教育传播

教育传播是将教育教学内容通过媒介进行传播的过程。它既包括学校教育中运用多媒体技术进行知识传授，也涵盖了面向社会大众的科普教育、职业培训等。随着信息技术的迅猛发展，教育传播呈现出多样化、个性化的特点。慕课、微课、直播课堂等新型教学模式不断涌现，打破了时空限制，拓宽了教育资源获取渠道。此外，融媒体时代各类教育类 App、公众号的兴起，也极大地丰富了教育传播的内容和形式。面对纷繁复杂的教育传播生态，如何甄别优质教育资源，提高教育传播的针对性和实效性，是亟待解决的现实课题。教育传播应立足受众需求，优化知识供给，创新传播方式，不断提高教育质量，为国民素质的提高贡献智慧和力量。

（三）按传播范围分类

1. 内部传播

内部传播是指组织内部成员之间基于共同目标而进行的信息交流和意义分享，主要发生在企业、政府部门、学校等正式组织中。内部传播的主体多为组织内部的管理者和普通成员，传播内容涉及组织文化、政策决策、工作安排等，旨在增进组织内部的凝聚力和向心力，提高工作效率和执行力。内部传播强调信息的垂直流动，注重上下级之间的沟通反馈，有利于构建扁平化、民主化的组织氛围。同时，内部传播还包括员工之间的横向交流，通过分享经验、讨论问题，激发创新思维，形成协作精神。总的来说，高效的内部传播是组织健康运转和可持续发展的基石。

2. 外部传播

相比内部传播，外部传播的视野更为开阔，覆盖面更为广泛。它是指组织通过各类媒介平台向外界发布信息、传递形象，回应公众关切，赢得社会支持的传播行为。企业的广告宣传、政府的新闻发布、名人的公益倡导都属于外部传播的范畴。外部传播以大众为主要对象，在内容选择和呈现方式上更加贴近受众需求，力求通俗易懂、吸引眼球。外部传播往往具有鲜明的目的性，或树立品牌形象，或化解公关危机，或引导社会舆论，需要运用专业的策划和创意手段。此外，外部传播非常重视传播渠道的选择，从传统的报刊、广播、电视，到新兴的网站、微博、微信，不同媒介的传播特性和受众群体差异显著，需要因材施教，方能事半功倍。可以说，外部传播已经成为各类组织提升美誉度、扩大影响力不可或缺的战略举措。内部传播范围多为国内。

3. 国际传播

国际传播则超越了国界的限制，在全球范围内进行跨文化的信息交流与分享。随着经济全球化的不断深入，国际传播在构建人类命运共同体、促进民心相通中发挥着越来越重要的作用。通过国际传播，不同国家和民族能够加深相互了解，开展务实合作，化解矛盾分歧。国际传播的主体既包括政府、国际组织，也涵盖跨国企业、非政府组织乃至普通民众。在信息技术高度发达的今天，个人也能够通过社交媒体参与到国际传播中来，成为民间“外交官”。当然，国际传播也面临诸多挑战，如文化差异、风俗习惯等，需要传播者充分考虑目标受众的文化背景和价值观念。总之，国际传播肩负着增进相互理解、凝聚共识、传播文明的崇高使命。

四、媒介传播的功能与作用

（一）社会化功能

从认知层面来看，媒介为个体提供了解读世界的框架和视角。通过对信息的选择、加工和呈现，媒介向受众传递特定的社会图景，影响其对社会现实的感知和判断。尤其在当前信息爆炸的时代，媒介对公众议程设置的作用日益凸显。媒介通过反复报道某些议题，引导受众思考特定问题，从而左右社会舆论走向。同时，媒介还能通过框架效应影响受众对事件的理解和评价。不同的叙事视角和话语策略会引导受众形成不同的认知，进而影响其态度和行为。可见，媒介在很大程度上主导了人们对世界的认知，是个体获取信息、构建世界观的重要来源。

从价值观念层面来看，媒介对个体价值取向的形成具有潜移默化的影响。媒介通过传播各种思想文化，向受众灌输特定的价值理念，引导其形成相应的人生观和价值观。一方面，媒介通过对典型事例的宣传和渲染，树立社会楷模，倡导主流价值，发挥价值引领作用；另一方面，媒介也可能通过对负面事件的不当呈现，对受众价值观念产生消极影响。特别是在商业化浪潮的冲击下，一些不良媒介过度追逐眼球效应，渲染暴力、色情、谣言等低俗内容，严重影响受众特别是青少年的价值塑造。因此，媒介对个体价值观念的影响是一把双刃剑，需要媒介工作者恪守职业操守，践行社会责任，传播正确价值导向。

从行为方式层面来看，媒介对个体行为模式的塑造不容忽视。媒介通过设置议题、提供话语，影响受众对事物的解释和评价，进而引导其行动。一方面，媒介可以通过宣传先进典型，弘扬主旋律，激发受众向上向善的行为动机；另一方面，媒介对负面事件的渲染和放大，也可能诱发受众的不当行为。特别是在网络时代，一些媒介平台放任谣言泛滥，导致网络暴力盛行，严重扰乱社会秩序。同时，媒介对收视率和点击量的过度追逐，也可能导致受众盲从、从众心理的蔓延。受众在媒介舆论的裹挟下，容易失去独立判断和理性思考的能力，盲目跟风、随波逐流。可见，媒介对个体行为方式的影响不容小觑，亟须加强媒介素养教育，提升公众的媒介鉴别力和批判力。

此外，媒介也是沟通个体与社会的重要渠道，在个体社会角色认同中发挥着不可替代的作用。通过媒介，个体得以了解社会组织运作的方式，认识不同社会角色的权责义务，学习如何扮演好特定角色。同时，媒介也为个体提供了展示自我、融入群体的平台。个体通过参与媒介活动，表达自我观点，展示个人才华，获得社会认同和归属感。特别是在自媒体时代，媒介赋权效应不断增强，草根群体通过媒介发声，参与公共事务讨论，促进了社会阶层流动，为个体实现自我价值提供了广阔空间。

（二）监督功能

媒介通过及时、准确、客观地报道社会现实，揭示各种社会问题和矛盾，引起公众和决策者的关注，推动问题的解决和改革的深化。例如，近年来媒介对环境污染、食品安全等问题的持续关注，促使相关部门加大整治力度，完善相关制度，有效地维护了公众利益。媒介还通过评论、专题报道等方式，为人们提供表达观点、参与讨论的平台，形成舆论压力，促进社会的包容与和谐。

媒介的监督功能仍存在一定局限。首先，媒介自身并非完全独立和客观，其言论可能受到所有者、广告商等利益相关方的影响，难以始终坚持原则，全面反映真相。一些媒介过度迎合市场需求，热衷报道轰动性事件，对一些深层次的社会问题则缺乏应有的关注。其次，媒介的监督往往具有滞后性，很多问题只有在恶化到一定程度、引发负面影响后才得到曝光，预防和及时纠偏的作用有限。最后，媒介监督缺乏必要的深度和持续性，很多报道只停留在现象描述层面，缺乏对问题根源的深入分析，难以真正推动问题的解决。

媒介应加强自身建设，坚持正确的舆论导向，不断提高议程设置能力，既要关注热点问题，更要重视对深层次原因的揭示，引导公众进行理性讨论，推动形成社会共识。同时，媒介还应加强与决策部门、专家学者的沟通合作，通过深度报道、系列评论等方式，深入剖析问题的成因，探讨解决之道，为科学决策提供参考。唯其如此，媒介监督才能真正成为推动社会进步的重要力量。

（三）教育功能

从知识传播的角度来看，媒介是科学文化知识的重要载体。报纸杂志通过专题报道、科普文章等形式，向公众介绍前沿科技动态，解读科学原理，激发大众对科学的兴趣。广播电视则通过纪录片、科教节目等生动形象的视听语言，将抽象复杂的知识转化为通俗易懂的内容，拓宽公众知识视野。互联网更是集合了海量的信息资源，用户可以根据需求自主学习，实现随时随地的知识获取。

从价值引导的角度来看，媒介对公众的世界观、人生观、价值观的形成具有潜移默化的影响。媒介传播的内容不仅包括客观事实，更蕴含主流意识形态和社会价值取向。通过新闻报道、时事评论、公益广告等方式，媒介宣传正面价值观，抨击违法乱纪、违背公序良俗的行为，引导公众形成正确的是非判断。同时，公众通过媒介了解国家大事、社会动态，增强对国家的认同感、对社会的责任意识，树立积极向上的人生追求。

从能力培养的角度来看，媒介为公众参与公共事务、发表言论提供了平台，提升了公众的媒介素养和批判性思维。在媒介互动过程中，公众不再是被动的信息接收者，而是主动参与讨论、分享观点、质疑权威的“主播”。通过网络问政、在线访谈、评论跟帖等方式，公众表达自己对公共事务的看法，形成理性讨论与争鸣。这一过程不仅锻炼了公众的表达能力、逻辑思辨能力，也提高了公众运用媒介监督政府、参与社会治理的意识和水平。

第二节 媒介传播的理论基础

一、传播学理论

（一）传播学的演进与范式转变

早期的传播学研究主要关注大众传媒对受众的影响，形成了以“魔弹论”

为代表的传媒效果研究范式。这一阶段的研究将受众视为被动的信息接收者，认为传媒内容能够直接、强大的影响受众的态度和行为。然而，随着实证研究的深入，学者们逐渐发现，传媒效果并非如此简单和直接。受众并非完全被动地接收信息，而是会根据自身的需求、动机、经验等因素，有选择地接触、理解和接纳传媒内容。

20 世纪 40 年代，拉扎斯菲尔德等人提出了“二级传播理论”，揭示了“意见领袖”在传播过程中的关键作用。这一理论开启了传播学研究的新视角，即将传播视为一个多环节、多层次的社会互动过程，而不仅仅是单向的信息传递。此后，传播学研究的重心逐渐从传媒效果转移到受众研究，关注受众在传播过程中的能动性和复杂性。卡茨等人提出的“使用与满足理论”进一步强调了受众的主体地位，认为受众是根据自身需求主动选择和利用媒介的，媒介使用行为本身就能够带来满足感。

随着受众研究的兴起，传播学的研究范式发生了重要转变。“议程设置理论”揭示了媒介对公众议程和舆论导向的影响；“培养理论”关注媒介通过反复渲染特定内容而对受众认知产生的长期效果；“知沟理论”则探讨了信息获取的不平等如何导致社会差距的拉大。这些理论都反映了传播学研究视角的拓展，开始关注传播过程中的社会、文化、心理等多重因素。

进入 21 世纪，互联网和新媒体的迅猛发展再次推动了传播学研究范式的演进。新媒体时代的到来，意味着每个人都可能成为信息的生产者和传播者。网络传播打破了传统的“把关人”机制，使信息传播呈现出去中心化、交互性强、实时性高等特点。网络舆情的爆发式扩散、虚假新闻的传播等现象，对传统的传播理论和管理提出了新的挑战。学界开始关注网络环境下的信息茧房、回音室等传播新现象，提出“涌现传播理论”“扩散网络理论”等新的解释框架。大数据、人工智能等新技术在传播领域的应用，也为相关研究提供了全新的视角和方法。

（二）传播过程的理论模型

早期的传播模型，如拉斯韦尔模型，主要关注“谁、说什么、通过什么渠道、对谁说、产生什么效果”等要素，突出了传播过程的线性、单向性特征。这一模型虽然简洁明了，但忽视了信息传递过程中的反馈和干扰，难以全面反映传播的真实性和复杂性。

随着研究的深入，学者们开始关注传播过程中的交互和反馈。奥斯古德和施拉姆提出的循环模型，强调了传播双方地位的平等性，以及编码和解码过程的对称性。这一模型突破了早期模型的局限，揭示了传播过程的双向互动本质。

与此同时，信息论的发展为传播过程研究提供了新的视角。香农和韦弗的信息传输模型引入了信源、发送器、信道、接收器、信宿等概念，系统阐释了信息编码、传输和解码的技术原理。这一模型虽然源于工程领域，但是对传播学研究也产生了深远影响。

马拉其提出的传播场模型，则从社会情境入手，分析了传播过程中人际关系网络的作用。该模型强调，信息在传播过程中会受到场域因素的影响和塑造，传播效果取决于场域特征与信息特性的匹配程度。这一视角拓展了对传播过程的社会学理解。

新媒体时代的到来，对传播过程理论提出了新的挑战。网络传播打破了时空界限，呈现出多向互动、实时反馈的特点。研究者开始探讨虚拟场域下的传播模式，分析链接、共享、互动等机制对信息传递的影响。

（三）传播学在媒介实践中的应用

1. 把握受众需求

受众是媒介传播的核心要素之一。传播学理论强调，媒介内容的生产和传播必须以受众为中心，深入了解受众的特点、习惯和偏好，才能精准地设计出贴近受众、吸引受众的媒介产品。例如，使用与满足理论指出，受众是有目的、有选择地接触媒介，以满足自身的特定需求。因此，媒介工作者在创制内容时，应当充分考虑不同受众群体的心理诉求，有针对性地设计内容主题、风格和呈现方式，才能最大限度地激发受众兴趣，实现传播目标。

2. 优化传播效果

传播效果是评判媒介内容传播成败的关键指标。传播学理论为媒介工作者优化传播效果提供了诸多有益启示。例如，议程设置理论认为，媒介对某一议题的关注程度会影响公众对该议题重要性的判断。因此，媒介在设置报道议题时，应当充分考虑议题的社会影响力和公众关切度，通过合理的议程设置引导公众思考，形成理性、积极的社会舆论。框架理论则认为，媒介采用不同的叙事框架，对同一事件的报道会产生不同的解读和效果。因此，媒介在构建新闻叙事时，应当审慎选择报道视角和叙事逻辑，塑造客观、中立、深入的报道框架，引导受众全面、辩证地认识事物。

3. 提升影响力

媒介内容的影响力是媒介实践的核心诉求。传播学理论为媒介工作者提升内容影响力指明了方向。例如，培养理论认为，媒介通过长期、反复地传播特定内容，能够潜移默化地影响受众的价值观念和行为方式。因此，媒介应当充分发挥主流价值引领和社会教化功能，通过积极、正面的内容培育社会共识，弘扬社会主义核心价值观。创新扩散理论则研究了新思想、新事物在社会系统中传播、被接纳的一般规律。该理论启示媒介工作者，在传播新生事物时要注重把握“意见领袖”的心理和行为特点，充分发挥其示范和带动作用，加速创新成果的渗透与扩散。

二、信息理论

（一）信息的定义与属性

信息是人们交流思想、传递知识的载体，是消除不确定性的工具。它以语言、文字、图像、数据等多种形式存在，内容涵盖自然、社会、思维等各个领域。从语义学的角度来看，信息传递的是一种意义，蕴含着特定的概念、判断或命题。因此，信息的产生和理解离不开主体的认知活动，需要在特定的语境中加以解读。从信息论的视角来看，信息是一种可以被编码、传输、存储和处理的符号序列，其数量可以用比特来度量。这种定义突出了信息的客观性和可操作性，为现代信息技术的发展奠定了基础。

信息具有多种属性，这些属性决定了它在传播中的独特作用。第一，信息具有价值属性。高质量、高价值的信息能够为人们的决策和行动提供重要依据，推动社会的进步和发展。因此，信息的价值是信息传播的重要驱动力。第二，信息具有时效属性。信息的价值往往与时间紧密相关，过时的信息可能毫无价值，甚至会产生负面影响。因此，信息传播需要追求时效性，以最快的速度将有价值的信息传递给受众。第三，信息具有差异属性。不同的信息在内容、形式等方面存在差异，这种差异性使得信息能够满足人们多样化的需求。因此，信息传播要尊重差异，提供个性化、多元化的信息服务。第四，信息具有共享属性。信息是一种可以共享的公共资源，呼唤平等、开放的传播渠道。只有打破信息壁垒，提升信息的可获得性，才能最大限度地发挥信息的社会价值。

信息在传播中发挥着至关重要的作用。传播活动的本质，就是信息在传播者和受众之间的双向流动。没有信息，传播就无从谈起。信息通过传播实现价值，传播依靠信息搭建桥梁。具体而言，信息在传播过程中至少发挥着四个作用：第一，信息传播满足了人们的知情权和表达权，是实现信息自由的重要途径。第二，信息传播有助于推动知识的普及和文明的进步，让先进思想和优秀文化遍布人间。第三，信息传播能够引导社会舆论，在塑造社会共识、凝聚社会力量方面发挥了重要作用。第四，信息传播为社会协同提供了基础，使得人们能够就共同关心的问题展开对话，形成合力。

（二）信息编码与解码过程

在信息编码阶段，信息源将要传递的信息按照一定的规则转换为可以在媒介中传播的信号形式，如文字、图像、音频、视频等。这一过程需要考虑传播媒介的特性、受众的接受能力等因素，选择恰当的编码方式，以确保信息能够准确、完整地传递给受众。

信息解码则是信息接收者将接收到的信号还原为原始信息的过程。在这一过程中，受众需要运用自身的知识背景、认知能力对信息进行理解和诠释。由于受众的个体差异，同一信息可能会产生不同的解读，这就要求信息编码时要尽可能地降低歧义，提高信息的准确性和明晰性。同时，信息解码也受到媒介特性的影响，不同媒介对信息呈现方式、传播速度等有着不同的限制，这就需要受众根据媒介特点采取相应的解码策略。

信息编码与解码的质量直接关系媒介传播的有效性。如果编码不当，信息可能会失真、缺失，导致受众无法准确理解信息内容；如果解码出现偏差，信息的本意就可能被曲解，产生误读甚至误导。因此，媒介传播中必须重视信息编码与解码的设计和优化，采用恰当的编码规则和技术手段，提高信息传输的保真度；同时加强受众的媒介素养教育，提升其对不同媒介信息的辨析和理解能力。

在新媒体时代，信息编码与解码呈现出新的特点和挑战。海量信息的生产和传播，对信息编码的时效性、精准性提出了更高要求；信息形态的多样化，如短视频、直播等，需要创新编码方式，提升信息的吸引力和感染力；算法推荐、信息茧房等现象，则对受众的解码能力提出了新的挑战。这就需要媒介传播研究者与实践者积极应对，探索符合时代特点的信息编码与解码策略。

信息编码与解码是一个动态互动的过程。媒介环境的变化、受众需求的升级，都会影响编码与解码的方式和效果。因此，不断优化编码规则、提升解码能力，是媒介传播永恒的主题。只有不断探索信息编码与解码的规律和策略，提高信息传递的精准度和有效性，才能发挥媒介传播在社会信息流动中的关键作用，更好地服务于人们的信息需求和社会发展。

信息编码与解码是媒介传播研究的核心议题之一。深入探究信息编码与解码的机制和影响因素，对于提升媒介传播效果、优化传播生态具有重要意义。在理论研究层面，需要借鉴信息论、符号学等理论，深化对信息编码与解码过程的认识，揭示其中蕴含的规律；在实践应用层面，需要紧跟媒介技术发展前沿，探索创新的编码技术和解码模式，不断提高媒介传播的专业水平。可以预见，随着人工智能、虚拟现实等技术的发展，信息编码与解码领域还将出现更多突破和创新，为媒介传播实践带来新的机遇和挑战。

（三）信息理论在媒介传播中的实际作用

信息理论的核心概念之一是信息熵，即信息的不确定性。熵值越高，信息量越大；反之，熵值越低，信息量越小。这一概念对媒介传播具有重要启示：媒介所传递的信息应具有新颖性和多样性，避免内容的重复和雷同，以吸引受众注意，提高传播效果。同时，信息熵理论还表明，噪声和干扰会增加信息熵，影响信息的准确传递。这启示媒介工作者应注重信息的真实性和可靠性，努力减少传播过程中的噪声干扰，确保信息的有效传达。

信息论中的编码理论和信道容量定理，对媒介传播的技术实现具有直接的指导意义。香农提出，要实现有效的信息传输，必须对信源进行编码，并根据信道特性设计最优的编码方案。这一理论推动了数字媒体技术的发展，使得海量信息能够被高效压缩、存储和传输。而信道容量定理则揭示了信息传输速率的上限，即信道容量。这一定理警示媒介工作者要充分评估传播渠道的信息承载能力，合理设计传播内容和形式，避免发生信息阻塞和过载。

值得一提的是，信息理论还促进了媒介形态的创新和融合。传统媒体如报刊、广播电视等，受限于单一的传播渠道，信息传播的时效性和互动性较差。而数字化网络媒体的出现，打破了传统媒介的时空界限，实现了信息的实时传播和双向互动。信息理论为这一变革提供了理论支撑，推动了媒介融合的进程。媒介应以信息理论为指导，深入探索媒介融合的路径和模式，构建立体化、多元化的传播格局。

信息理论主要关注信息传输的技术层面，对传播内容本身关注较少。而媒介传播的效果，不仅取决于信息技术，更受传播内容、受众心理等人文社会因素的影响。因此，媒介工作者在借鉴信息理论的同时，还应综合运用传播学、社会学、心理学等多学科知识，全面把握受众需求，优化传播内容和策略。唯有如此，才能真正实现媒介传播的社会效益和价值追求。

三、符号学理论

（一）符号与符号学的基本概念

符号是传播的基本单位，它承载着丰富的意义和文化内涵。符号学作为一门研究符号的学科，为我们理解符号在传播过程中的作用提供了理论基础。符号学的基本概念包括能指、所指、意义和解释等。能指是符号的物质载体，如语言中的语音和文字；所指是符号所代表的概念或事物；意义则是符号所传达的信息。符号的意义并非固定不变，而是在特定的文化语境中生成和流动的。因此，解释符号意义既需要考虑符号本身的属性，也需要将其置于社会文化的大背景之下。

在传播过程中，符号发挥着至关重要的作用。首先，符号是信息编码和解码的基础。传播者先将想要表达的意思编码为一定的符号形式，如语言、图像、声音等，再通过传播渠道发送给受众。受众接收到符号后，会根据自身的知识背景和文化经验对符号进行解读，从而获取传播者的原始意图。符号编解码的准确性直接影响着传播的效果。其次，符号还承载着丰富的社会文化意蕴。不同的符号体系反映了不同群体的价值观念、审美情趣和行为方式。解读符号的文化内涵，有助于我们深入理解传播背后的社会现实。最后，符号在人际互动和身份认同中也扮演着关键角色。人们通过使用特定的符号，表达自我认同，划分群体边界，建构社会关系网络。

符号的意义建构是一个动态的过程，受到诸多因素的影响，如符号本身的物质属性、使用者的心理机制、社会文化语境等。解读符号意义需要综合运用语义学、语用学、社会学等多学科知识。具体而言，可以从以下几个维度来分析符号的意义：首先，要考察符号的内部结构，即能指与所指之间的关系。符号的能指和所指之间可能存在任意性、象似性等不同的关联方式，这些关联方式在一定程度上决定了符号意义的生成逻辑。其次，要分析符号使用者的主观能动性。符号的发送者和接收者并非完全被动地"使用"符号，而是会根据自身需求和理解对符号赋予新的意义。最后，要将符号置于社会文化语境中解读。不同的文化群体对同一符号可能存在不同的理解和使用方式。特定的历史条件、价值观念、权力关系等，都会对符号意义的流变产生重要影响。

（二）文本分析在符号学中的应用

文本分析首先需要辨识文本中的符号。这些符号可以是语言文字、图像、声音等多种形式，它们共同构成了一个意义系统。符号学认为，任何符号都不是孤立存在的，而是处于一个庞大的符号网络之中，与其他符号发生着错综复杂的关系。因此，解读符号时需要将其置于特定的语境中，考察它与其他符号之间的联系和互动。

在辨识符号的基础上，文本分析还需要揭示符号所指称的对象或概念。符号学家索绪尔提出，符号由能指和所指两部分构成，能指是符号的物质形式，所指则是符号所代表的意义。文本分析的任务，就是要透过能指去把握所指，理解符号在特定语境下的意义。这一过程不仅需要分析符号本身的特点，还需要结合文本的整体结构、话语策略等因素进行综合考量。

在揭示符号意义的同时，文本分析还要进一步探究其深层的文化内涵和意识形态。任何文本都不是中性的，而是带有一定的价值取向和意识形态色彩。这些价值观念往往隐藏于字里行间，需要敏锐的洞察力才能发现。例如，一则广告看似在推销商品，但实际上可能传递着特定的消费观念和生活方式；一部电影表面上讲述一个故事，但其叙事方式和人物塑造却体现出导演的世界观和艺术追求。另外，文本分析通过对不同文本的比较，探寻一个社会或文化的集体无意识。

（三）符号学视角下的媒介传播

符号学视角下，媒介传播被视为一个意义生产和传递的过程，其中符号扮演着关键角色。每一则媒介文本，无论是新闻报道、广告、电视剧，还是社交媒体帖文，都可以被解读为一个由多种符号构成的符号系统。这些符号可以是语言文字、图像、声音、色彩等，它们以特定的方式组合在一起，传达出某种意义。

符号学家认为，符号本身并不直接指涉现实世界中的事物，而是通过约定俗成的规则和习惯与所指联系在一起。因此，理解一则媒介文本的意义，就需要解读构成这个文本的各种符号，以及它们之间的关系。这个过程不仅涉及符号的字面含义，也涉及其内涵、象征意义和文化内涵。例如，在一则关于环保的公益广告中，绿色可能象征着生命、希望和自然，而并非单纯指称一种颜色。

媒介传播中的意义生产是一个动态、开放的过程。编码者（如新闻工作者、广告创意人员）利用各种符号资源创作媒介文本，试图传达某种预设的意义。但是，意义并非直接从编码者传递给受众，而是在受众解读媒介文本的过程中生成。不同的受众基于自身的知识背景、价值观念、审美趣味等，可能对同一则媒介文本产生不同的理解和解读。因此，媒介传播的意义具有一定的不确定性和多元性。

符号学视角还揭示了意识形态在媒介传播中的作用。意识形态通过语言、图像等符号系统得以构建和传播，塑造人们对现实的认知和评价。主流意识形态往往掌握着媒介话语的主导权，它们利用媒介传播巩固既有的权力关系和文化秩序。

符号学视角引导我们思考媒介文本的互文性。任何一则媒介文本都不是孤立存在的，而是与其他文本发生着复杂的对话和互动。一方面，媒介文本总是以某种方式援引、借鉴、戏仿此前的文本，吸收其意义资源；另一方面，媒介文本又会对后续的文本产生影响，为其提供可能的表意方式。互文性使得媒介传播中的意义传递成为一个跨时空、跨文本的动态过程。

四、文化研究理论

（一）文化研究理论的起源和发展

文化研究理论的起源和发展可以追溯至20世纪中叶。它是在结构主义、符号学等思潮的影响下，在英国伯明翰大学当代文化研究中心（CCCS）的学者们的探索中逐渐形成和发展起来的。这些学者秉承了葛兰西、福柯等人的思想，将文化视为一种意识形态，强调文化在社会权力结构中的重要作用。

早期的文化研究主要关注大众文化和青年亚文化，探讨它们如何体现和影响社会权力关系。霍加特的《文化的用途》、汤普森的《英国工人阶级的形成》等著作奠定了文化研究的基础，揭示了文化与阶级、意识形态的复杂关系。随后，霍尔等人进一步拓宽了研究视野，将种族、性别等议题纳入文化研究的范畴，探讨文化身份的构建机制。

20 世纪 80 年代以后，文化研究进入了一个新的发展阶段。随着全球化进程的加速，跨国文化交流日益频繁，文化研究的领域也随之扩大。后殖民理论、全球化理论等新的理论视角不断涌现，丰富和深化了对文化现象的认识。

进入 21 世纪，互联网和数字媒体技术的兴起为文化研究带来了新的机遇和挑战。网络文化、虚拟社区、数字鸿沟等问题成为文化研究的新课题。研究者们开始关注数字时代的文化生产和传播方式，探讨互联网对文化权力格局的影响。与此同时，文化研究也呈现出学科交叉、多元发展的趋势，与社会学、传播学、人类学等学科加强了对话与融合。

（二）媒介、文化与权力

作为文化传播的重要载体，媒介在很大程度上决定了哪些文化得以呈现，哪些声音能够被倾听。掌控媒介资源的群体往往能够主导文化话语，塑造社会共识。而缺乏媒介话语权的群体则容易在文化交流中处于弱势地位，其文化诉求难以得到充分表达。因此，媒介权力分配的不平等直接影响文化交流的公平性。

同时，媒介在文化交流过程中并非中性的传声筒，而是带有自身的价值取向。不同媒介机构基于其意识形态立场，对文化现象进行选择性呈现和框架化解读。他们通过议程设置、话语建构等方式，影响受众对文化事件的认知和评判。媒介对文化现象的再现方式，很大程度上反映了其背后的权力关系。

媒介技术的发展也深刻影响着文化权力格局。新媒体的兴起为普通民众提供了表达诉求的新平台。网络媒体打破了传统文化传播的垄断，使更多元的文化声音得以涌现。

（三）文化研究理论在文化交流中的应用

在全球化语境下，跨国媒体集团主导着全球文化流动的方向和内容。他们凭借雄厚的资本实力和先进的传播技术，将西方的价值观念、生活方式和文化产品大规模输出到世界各地。这种单向度的文化传播很容易造成文化霸权，引发文化冲突。同时，文化研究理论也强调文化在跨文化传播中并非被动接受，而是通过本土化改写创造新的文化意义。

在新媒体时代，数字技术和网络平台极大拓展了文化交流的广度和深度。

普通民众通过网络社交媒体能够直接参与文化的生产和传播，表达自我观点，影响公共议题。与此同时，算法推荐、信息茧房等技术现实也加剧了网络空间的碎片化和极化倾向，不同群体很难达成有效的文化对话。

文化研究理论还为反思和改进媒介文化交流实践提供了重要启示。媒介工作者应增强文化自觉，在文化表征中避免对弱势群体的污名化，在报道中尊重文化差异，在选题中关注弱势群体的诉求。媒介政策制定者应完善相关法律法规，规范跨国文化传播秩序，保护本国文化安全。

第三节 媒介传播的模式

一、线性传播模式

（一）定义及特点

从概念内涵来看，线性传播模式强调信息从传播者到受众的单向流动。在这一过程中，传播者占据主导地位，掌控着信息的内容、形式和传播渠道。而受众则处于被动接受的地位，难以对信息进行质疑、评判和反馈。这种不对等的传播关系决定了线性传播模式的基本特征，即信息传递的线性化、标准化和规模化。

从传播效果来看，线性传播模式具有传播速度快、覆盖范围广的优势。通过广播、电视、报刊等大众媒介，信息可以在短时间内传递给大量受众，形成强大的舆论导向力量。这种集中式的信息传播方式，有利于塑造主流意识形态，引导社会价值取向，维护国家利益和社会稳定。因此，在宣传政策法规、报道重大事件、应对突发事件等方面，线性传播模式仍然发挥着不可或缺的作用。

（二）应用场景与效率分析

广播电视作为典型的线性传播媒介，其信息传递方式呈现出明显的单向性和线性特征。在传统的广播电视传播中，信息的流动往往是从电台、电视台等传播机构，经过无线电波或有线电缆，直达广大受众。在这一过程中，受众处于相对被动的接收地位，难以对传播内容产生直接影响和反馈。这种线性传播模式虽然具有信息传播广度大、时效性强等优势，但在互动性和个性化方面存在局限。

随着互联网技术的发展，在线新闻逐渐成为人们获取信息的重要渠道。尽管在线新闻传播打破了传统媒体的时空界限，为受众提供了更加便捷、多元化的信息获取方式，但其传播模式在一定程度上仍然延续了线性传播的特点。大多数在线新闻网站采用的是“一对多”的传播模式，即由专业的新闻机构或个人通过网络平台向广大用户传播信息。用户通常只能被动地接收和阅读新闻内容，互动性和参与度相对有限。这种线性传播模式虽然提高了信息传播的时效性和便捷性，但在满足受众个性化需求方面仍有不足。

线性传播模式在广播电视和在线新闻等领域的应用，充分体现了大众传播时代媒介传播的特点。这种模式借助现代传播技术，实现了信息的大规模、快速传递，在一定程度上满足了大众的信息需求。然而，随着受众主体意识的觉醒和个性化需求的增长，线性传播模式暴露出互动性不足、难以实现精准传播等局限性。因此，如何在线性传播的基础上，融入互动传播、精准传播等新的传播理念和模式，成为当前媒介传播实践的重要课题。这需要传播机构立足受众需求，创新传播内容和形式，建立多向互动的传播渠道，提高受众的参与度和黏性。只有不断推动传播模式的变革，才能更好地适应新时代受众的需求变化，提升媒介传播的效率和效果。

二、互动传播模式

（一）定义及特点

互动传播模式是一种通过反馈渠道实现传播主体之间双向互动的传播形式。与传统的线性传播模式不同，互动传播强调在传播过程中各主体的平等地位和积极参与。在这一模式下，信息的传播不再是单向的、自上而下的，而是多向的、网络化的。传播者和受众能够通过反馈机制进行及时、有效的交流，共同参与信息的生产、传播和解读。

互动传播模式的一个显著特点是，赋予了受众更多的话语权。在互联网时代，人人都可以通过社交媒体、论坛、博客等平台表达自己的观点，参与公共议题的讨论。这种自下而上的议程设置机制，使得传播内容更加多元化。同时，互动传播也促进了不同群体之间的交流与对话，有助于社会共识的形成和公共利益的实现。

互动传播模式还有利于提高信息传播的针对性和有效性。通过对受众反馈的分析，传播者可以及时调整传播策略，提供更加符合受众需求的信息内容和呈现方式。这种“因材施教”的做法，不仅能够增强传播效果，还能够促进传播者与受众之间的理解与信任，形成良性互动。

互动传播模式在诸多领域都得到了广泛应用。在政治传播中，互动模式有助于增进政府与公众的沟通，提高决策的透明度和民主性；在商业传播中，互动模式可以加深品牌与消费者的联系，实现精准营销；在教育传播中，互动模式能够激发学生的学习兴趣，促进因材施教。可以预见，随着信息技术的进一步发展，互动传播模式必将迎来更加广阔的应用前景。

（二）应用实践与未来趋势

以社交媒体新浪微博为例，其强大的互动功能为用户提供了多样化的参与方式。用户可以通过发布动态、评论、点赞等方式表达自己的看法，与好友或陌生人展开讨论。新浪微博还支持各种主题社团的创建，使得志同道合的人能够聚集在一起，分享共同的兴趣爱好。

而在线上论坛中，互动传播则表现得更加专业和深入。以“知乎”为代表的知识型社区，汇聚了各行各业的专业人士，围绕特定话题展开高质量的讨论和答疑。在这里，提问者可以直接与领域专家互动，获取权威、可靠的信息；而回答者也能够通过解答问题，展示自己的专业才能，获得认可和尊重。这种基于知识分享和交流的互动模式，不仅提升了社会的集体智慧，也为个人成长和发展提供了宝贵的机会。

互动传播模式的优势还体现在其对公共议题的影响力上。当重大社会事件发生时，社交媒体和线上论坛往往成为舆论的集散地。在这里，普通民众能够直接参与到话题讨论中，表达自己的观点和诉求。而决策者也可以通过分析舆情动向，及时调整政策，回应民意。推广这种公众参与和民意表达的途径，有助于推动社会的民主化进程，促进政府与民众之间的良性互动。

不过，互动传播模式也面临着一些挑战和问题。在信息爆炸时代，如何甄别真伪、判断优劣，成为每个参与者必须面对的课题。而“键盘侠”、网络暴力等不良现象，也在一定程度上干扰了互动传播的秩序。对此，平台方和用户都需要加强自律，共同营造一个文明、理性、友善的网络空间。

未来，互动传播模式必将在更广阔的领域大放异彩。随着 5G、人工智能（AI）等新技术的发展，互动传播将变得更加智能化、个性化和沉浸式。用户不仅可以与人互动，还能与智能设备和虚拟环境产生实时互动。这将极大地拓展人类的认知边界和体验维度，开启传播的全新时代。社交媒体和线上论坛等互动平台，也将成为连接现实与虚拟、连接人与智能的重要桥梁，引领传播模式的变革和创新。

三、文化传播模式

（一）定义及特点

文化传播模式是指在传播活动中融入文化元素，并通过传播过程实现文化的扩散和影响的传播方式。这种模式强调传播内容与文化背景的密切关联，重视传播过程中文化意义的生成和传递。

文化传播模式的一个显著特点是传播内容蕴含丰富的文化内涵。在这种模式下，传播的不仅仅是表层的信息，更是深层的价值观念、思维方式、行为规范等文化要素。传播者需要深入挖掘内容的文化内核，并以恰当的方式呈现，使受众能够准确领会其中的文化意蕴。同时，文化传播模式还注重传播过程与文化语境的契合。传播者需要充分考虑受众的文化背景，根据其知识结构、价值取向等因素，采取符合其文化习惯的传播策略，以实现良好的传播效果。

文化传播模式的另一个特点是传播过程呈现出鲜明的文化互动性。在传播活动中，传播者与受众之间不是简单的信息传递关系，而是基于共同的文化背景展开交流互动。通过传播，文化得以在不同群体间流动、碰撞、融合，产生新的文化生命力。这种互动不仅有助于促进文化的传承和发展，也为社会成员提供了相互理解、达成共识的平台。正是在动态的文化互动中，人们建构起共同的价值观和行为准则，增强了社会的凝聚力。

（二）文化传播模式在全球化中的运用

传统的文化传播模式，如口口相传、艺术演绎等，虽然在特定历史阶段发挥了重要作用，但在全球化浪潮中已显得捉襟见肘。与之相比，现代传媒技术特别是互联网的广泛应用，极大地拓展了文化传播的时空边界，使得异域文化的交流互鉴成为可能。通过网络平台，人们可以便捷地接触到世界各地的文化产品和信息，感受不同民族的风俗习惯和价值观念。这种文化传播模式打破了地理阻隔，促进了人类文明的交流互鉴。

然而，文化传播在全球化语境下也面临着一系列挑战。文化霸权、文化冲突、文化失衡等问题，无不警示我们在推动文化传播的过程中，必须坚持平等、互鉴、包容的原则。只有以开放的心态、谦逊的态度对待不同文化，才能实现文明的真正交流；只有在尊重差异、包容多样的基础上开展对话，才能推动人类命运共同体的构建。

在这个过程中，跨文化交际能力的培养显得尤为重要。全球化时代呼唤着一大批具有国际视野、通晓多元文化的高素质人才。他们不仅要具备扎实的专业知识，还要培养文化敏感性，学会站在不同文化的视角思考问题，用适当的方式进行表达。唯有如此，才能成为文化传播的有效载体，架起不同文明之间沟通的桥梁。

文化产业的发展，也为文化传播模式注入了新的活力。通过创意设计、数字技术等，文化产品的生产方式和呈现形式日趋多样化，传播渠道和覆盖面不断扩大。这不仅有利于提高文化产品的吸引力和感染力，也有助于增强文化的国际影响力和话语权。在参与国际文化竞争的过程中，唯有不断推陈出新、提升内涵，才能赢得更多的文化认同。

“一带一路”倡议的提出，不仅要促进贸易畅通、设施联通，更要重视人文交流、民心相通，为文化传播搭建了更加广阔的平台。通过务实合作，共同传承和弘扬丝路精神，必将推动不同国家、民族、文化之间的深度融合，开创人类文明发展的新篇章。

四、数字传播模式

（一）定义及特点

数字传播模式是在数字技术迅猛发展的背景下产生的一种全新的传播形式。与传统媒介传播相比，数字传播模式具有互动性强、即时性高、覆盖面广等显著特点。在这一模式下，信息的生产、传播和接收都发生了根本性的变革，普通民众参与传播的程度大大提高。

1. 互动性强

在传统媒介时代，受众更多扮演被动接收信息的角色，很少有机会参与信息的生产和传播过程。而在数字传播模式下，人人都可以通过数字平台表达自己的观点，分享自己的见解，与他人展开交流和讨论。这种互动不仅发生在受众与传播者之间，也发生在受众与受众之间，极大地促进了信息和观点的交流，丰富了传播的内容和形式。

2．即时性高

借助于互联网和移动通信技术，信息可以在第一时间被采集、加工和传播，几乎消除了时间和空间的限制。这种即时性使得信息的传播速度大大加快，也让受众能够更快地了解最新动态，及时参与讨论和互动。同时，即时性也对信息的真实性和准确性提出了更高要求，对谣言和虚假信息的传播也带来了新的挑战。

3．覆盖面广

通过互联网和移动终端，信息可以瞬间传遍全球每一个角落，覆盖数以亿计的受众。这种广泛的覆盖性一方面有利于信息的充分传播和知识的广泛普及，另一方面也使信息的影响力和控制力变得更加难以把握。在数字传播时代，一条信息可能在极短时间内引发全球范围的关注和讨论，对社会舆论和公众情绪产生重大影响。

（二）数字传播模式的挑战与机遇

数字技术的发展极大地拓展了信息传播的渠道和方式，使得信息的生产、传播和接收更加便捷、高效。互联网和移动终端的普及，社交媒体的兴起，让每个人都成为信息的生产者和传播者。大数据、云计算、人工智能等新兴技术的应用，又让信息的处理和分析能力得到了飞跃式提升，个性化、精准化的信息推送成为可能。传播行业正在经历一场从“粗放式增长”到“精细化运营”的转变。

数字化转型也对传播行业提出了新的要求和挑战。海量信息的爆炸式增长，使得真伪难辨的信息泛滥成灾，公众对信息真实性的怀疑日益加剧。算法推荐所形成的“信息茧房”，加剧了群体的割裂和对立。传播行业必须加强内容质量把关，强化平台责任意识，完善谣言治理机制，用专业的内容生产能力和权威的信息发布渠道，构筑起抵御虚假信息的防火墙。同时，传播行业还需要加快向智能化、移动化转型，利用新技术赋能内容生产和传播，提升用户体验和互动水平。

数字化转型既是传播行业的历史机遇，也是现实挑战。传媒机构必须保持变革意识和创新勇气，加快融合发展步伐，推动内容、渠道、平台、经营的全方位升级，重塑采编流程，优化组织架构，提升数字化能力，建立起适应数字时代要求的新型传播体系。这不仅关乎传播行业自身的转型发展，更关乎社会舆论生态的健康。传媒工作者要以高度的社会责任感和使命感，积极探索数字时代的传播规律，运用新技术讲好中国故事，传播当代中国价值观念，为构建清朗网络空间贡献力量。

五、跨媒介传播模式

（一）定义及特点

跨媒介传播模式是指信息在不同媒介平台之间的流动和融合，它打破了传统单一媒介传播的局限，呈现出多元化、立体化的传播景观。在数字化时代，这种传播模式已经成为主流趋势，深刻影响着人们的信息获取和交流方式。

跨媒介传播的一个显著特点是媒介形态的多样性。随着科技的进步，媒介形式日益丰富，除了传统的报刊、广播、电视等大众媒体，还涌现出网络媒体、移动媒体、社交媒体等新兴媒介。不同媒介形态各具特色，可以满足受众多元化的信息需求。在跨媒介传播中，信息内容往往以多种媒介形式呈现，如文字、图片、音频、视频等，增强了信息的表现力和感染力。受众可以根据自己的偏好选择适合的媒介形态，获得更加丰富、立体的信息体验。

跨媒介传播的另一个重要特征是媒介平台的融合性。在传统媒体时代，不同媒介之间相对独立，很少有交叉与融合。而在互联网时代，媒介融合已成为大势所趋。一方面，传统媒体积极拥抱互联网，利用数字技术实现内容的数字化生产和网络化传播；另一方面，新兴媒体也在不断吸收传统媒体的优质内容资源，实现优势互补。媒介融合突破了时空限制，实现了信息在不同平台之间的无缝对接和流转。同一信息可以通过报纸、网站、移动端、社交平台等多种渠道同步传播，覆盖更广泛的受众群体。

跨媒介传播模式还体现了受众主体地位的提升。在传统传播模式下，受众更多的是被动接受信息，很少有表达和互动的机会。而跨媒介传播充分发挥了新媒体的交互性优势，赋予受众更多参与感和话语权。受众不仅是信息的接收者，也是信息的生产者和传播者。通过转发、评论、分享等方式，受众可以实时参与信息的传播和讨论，表达自己的观点看法。这种“去中心化”的传播方式加强了信息的互动性，提高了受众的参与度和黏性。

（二）跨媒介传播模式的案例研究

成功的跨媒介传播策略必须立足于对受众特点和需求的深入了解。不同媒介平台的用户在人口统计学特征、媒介使用习惯、内容偏好等方面存在差异。因此，传播者需要针对不同平台的受众，量身定制传播内容和形式。

跨媒介传播要注重内容的优化和适配。在多媒介环境下，内容的生产和传播不能照搬传统模式，而应根据不同媒介的特点进行创新。一方面，传播者需要充分利用各媒介的表现力，调动多种感官与符号，创造立体化、沉浸式的传播体验。以国家地理频道为例，它在电视、杂志、网站、社交媒体等平台推出了大量图文音视频并茂的科普内容，塑造了鲜明的媒介形象。另一方面，跨媒介内容的设计要兼顾不同平台的技术规范和传播逻辑，实现无缝衔接。优质内容也可以根据不同平台的特点，拆分、重组、序列化呈现，实现内容价值的最大化。

成功的跨媒介传播离不开媒介平台之间的协同联动。不同媒介在传播过程中各有优势，若能形成合力，便能产生“1＋1＞2”的效果。联动的方式包括内容引流、情节呼应、互动衍生等。以《我们的征途是星辰大海》一曲爆红为例，短视频平台中一夜走红的歌曲片段，被社交平台网友自发传唱，各大媒体也纷纷报道，形成了联动传播的强大声势。媒介之间的协同互动，不仅扩大了传播规模，也为内容注入了新的活力。

跨媒介传播策略的制定还需把握时机、因势利导。信息传播的时效性往往决定了其影响力，特别是在新媒体语境下，热点话题转瞬即逝。抓住重大事件、节点，快速反应、及时发声，才能赢得舆论先机。同时，传播策略也要顺应技术和舆情的变化而动态调整。

第四节　媒介传播的社会影响与作用

一、媒介传播对社会文化的影响

（一）文化价值观的塑造与传播

媒介对议题的选择和报道视角决定了受众对社会现实的认知。媒介倾向于报道那些符合主流价值观、引起公众广泛关注的事件和话题。通过反复强调和渲染，引发社会各界的热议。同时，媒介对同一事件的不同表述方式也影响着受众的价值判断。积极正面的报道有助于树立良好的社会价值导向，而偏颇失实的报道则可能误导受众，带来负面影响。因此，媒介在议程设置和框架建构中对社会主流价值观的塑造至关重要。

媒介通过典型事例和榜样的宣传弘扬主流价值观。那些具有示范意义的先进事迹和道德模范，往往能在媒介的报道下产生强大的示范效应，激励更多人向善向上、见贤思齐。例如，媒介对诚实守信典型的报道，有助于培育诚信社会的价值理念。媒介通过这些鲜活生动的事例宣传，让主流价值观深入人心，推动社会文明进步。

（二）文化多样性的促进与挑战

媒介通过对本土文化的挖掘、整理和传承，增强了民族文化认同感，为文化多样性的保护作出了重要贡献。媒介对优秀传统文化的广泛宣传，不仅唤醒了人们对民族文化的记忆，更激发了他们传承和发展民族文化的热情。通过媒介，一些濒临失传的民族技艺、民俗风情得以重现在世人眼前，一些蕴含民族智慧的文化遗产得以代代相传。可以说，没有媒介的努力，许多本土文化瑰宝或许早已湮没在历史的烟尘中。

媒介又是外来文化传入的重要渠道。在全球化浪潮的冲击下，各国文化交流日益频繁，文化多样性面临着同质化的威胁。然而，媒介却能在吸收外来文化的同时，巧妙地将其与本土文化相融合，创造新的文化形态。一些富有民族特色的文学、艺术作品，经过媒介的加工和传播，焕发新的生命力，赢得了异域观众的喜爱。在这个过程中，媒介不仅促进了文化的交流互鉴，也丰富了本土文化的内涵，为文化多样性注入了新的活力。

因此，媒介在弘扬本土文化、引入外来文化的过程中，必须坚定文化自信，坚守民族文化立场，同时又要以开放包容的态度吸收外来文化的有益元素。对于外来文化的引进，要有选择地吸收，去粗取精，取其精华、去其糟粕。对于本土文化的传承，要创新表达形式，赋予其时代气息，使之更贴近现代人的生活和情感。只有在传统与现代、民族性与世界性之间找到平衡，媒介才能更好地发挥文化传播的纽带作用，为文化多样性的绽放创造良好环境。

二、媒介传播对社会心理的影响

（一）公共意识形态的形成

媒介引导社会共识的过程是循序渐进的。首先，媒介通过选择性报道突出某些议题，使其进入公众视野，成为人们关注和讨论的焦点。在这一阶段，媒介的作用主要体现在“让人们去思考什么”。其次，媒介运用框架效应，以特定的视角和方式呈现议题，引导公众以特定的思路理解和评价议题。这一阶段媒介告诉人们“如何去思考”。最后，经过一段时间的积累和发酵，在媒介持续的引导下，散布在公众中的观点逐渐趋同，在一定范围内达成共识，形成主导性的公众舆论。

媒介塑造公众观点的方式是多样化的。其一，媒介可以通过信息发布者的选择，让具有特定观点的信源频繁登场，使其观点更容易被公众接受。其二，媒介采用恰当的叙事框架，运用类比、隐喻等手法，将抽象的社会议题与公众熟悉的生活场景相联系，使受众更容易理解和认同特定观点。其三，媒介利用议题联结策略，把不同的议题组合在一起报道，借助议题间的相互渗透，实现观点引导。其四，媒介营造与特定观点相一致的社会心理环境，通过渲染人物情感、突出群体压力，诱导受众“从众”，接受媒介倾向的观点。

媒介塑造公众观点的同时，公众观点也在影响和制约着媒介议程。两者之间存在一种动态的互动关系。一方面，公众既有的认知基础、情感倾向和价值取向会左右其对媒介信息的接受程度，公众观点对媒介议程具有选择性影响；另一方面，公众观点一旦形成，又会对媒介议程产生“回馈”作用，倒逼媒介调整报道立场，迎合主流民意。因此，媒介与公众之间的观点互动是一个动态平衡的过程，媒介既要发挥引领作用，又要尊重公众主体地位，在双向互动中实现媒介议程与公众议程的最大契合。

（二）群体行为的激发与引导

媒介传播能够激发群体情绪，引发集体行动。在重大事件或敏感话题面前，媒介的报道方式和论调导向往往成为点燃群体情绪的导火索。媒介通过渲染事件细节、烘托情感氛围，能够在短时间内聚集群体共情，激发公众的同仇敌忾之心。当个体情绪在媒介平台上汇聚形成声势浩大的舆论浪潮时，极易催生群体极端行为，引发社会动荡。因此，媒介在报道社会事件时务必秉持客观理性的态度，防止群体情绪失控。

媒介传播通过长期的议程设置和价值引导，潜移默化地影响受众的行为模式。媒介通过选择性地呈现事实，对信息进行二次加工建构，营造特定的社会现实图景。受众长期浸润其中，难免形成某种固化的思维定式和行为惯性。例如，媒介对明星、名人的过度宣传，极易导致粉丝的盲目追捧和非理性行为；媒介对暴力、色情内容的渲染，则可能诱发受众的模仿效应，加剧社会失范问题。媒介塑造的审美趣味、价值取向、道德标准等，都会通过日复一日地浸染内化为受众的行为指引。因此，媒介必须充分意识到自身的社会责任，坚守伦理道德底线，以积极健康的内容引领社会风尚。

媒介对群体行为的影响具有隐蔽性和滞后性的特点。媒介传播所形成的心理感染和舆论压力，往往在无形之中影响个体的判断和抉择；而媒介长期培育的价值观念和行为习惯，更是需要经年累月才能显现出来。这就要求我们在分析媒介效果时，既要重视显性的、即时的影响，也要关注隐性的、长远的影响。对媒介内容进行全方位、多角度的辨析，才能真正把握其对群体行为的复杂影响。

除了报道内容本身，媒介形式的变革也在很大程度上影响着群体行为。随着新媒体技术的发展，信息传播呈现去中心化、碎片化、交互性增强等特点。一方面，人人都可能成为“自媒体”，借助社交平台表达观点、传播信息，加剧了信息茧房效应和群体极化现象；另一方面，媒介受众从被动接收者转变为主动生产者，参与设置公共议程、引导社会舆论，使得群体表达诉求的渠道更为多元，力量更加强劲。因此，面对新媒体语境下群体行为的新特点、新动向，媒介传播的社会管理职能亟待加强，平衡好引导与表达、管控与放任的关系至关重要。

三、媒介传播对社会经济的影响

（一）消费文化的推动

媒介广告通过对商品的展示和描述，向消费者传递了丰富的产品信息，激发了消费欲望。广告中对商品功能、外观、品牌的渲染和包装，能够有效地吸引消费者的注意力，引发消费冲动，刺激消费行为。同时，媒介广告还借助名人效应、情感诉求等策略，将产品与美好生活方式相关联，塑造了符号化的消费价值观，为商品赋予了超越使用价值的文化内涵，进一步推动了消费需求的扩张。

媒介广告在引领消费趋势、创造消费时尚中也扮演着不可忽视的角色。广告传播所呈现的生活方式和价值取向，往往代表了社会主流的审美倾向和行为规范。大众传媒所塑造的明星形象、时尚元素，很大程度上影响和指引着大众的消费选择。当越来越多的消费者追随广告所倡导的生活方式时，便形成了特定的消费风尚和市场趋势。这种趋势不仅体现在对具体产品的青睐上，也深层次地表现为对某种文化价值和生活态度的认同。而商家则通过捕捉和引领消费趋势，不断推陈出新，为大众提供新的消费选择，形成消费文化与媒介广告的良性互动。

媒介广告与消费文化的关系还体现在对消费者心理和行为的深刻影响上。长期、反复地接收广告信息，潜移默化地改变了人们的价值观念和行为模式。在媒介广告的渲染下，“买买买”成为一种时尚，消费主义盛行，拥有物质财富成为幸福生活的象征。这种消费观念驱动下的从众心理、攀比心态，加剧了盲目消费和过度消费。一些广告甚至通过制造焦虑，刻意混淆需求和欲望，误导受众以消费来弥补现实生活的缺失。种种迹象表明，媒介广告与消费主义文化已然形成某种共生关系，对个体消费行为和社会风气产生了深远影响。

（二）媒介产业的经济贡献

从宏观经济层面来看，媒介产业对国民经济的贡献主要体现在以下几个方面。首先，媒介产业自身已经成为国民经济的支柱性产业之一。随着信息技术的迅猛发展和人们生活方式的深刻变革，媒介产业呈现出蓬勃发展的态势，其在 GDP 中的占比不断提高。以数字出版、网络视听、移动多媒体等为代表的新兴媒介业态更是实现了跨越式发展，成为拉动经济增长的新引擎。其次，媒介产业对相关产业具有强大的带动作用。作为典型的“朝阳产业”，媒介产业与信息技术、文化创意、旅游休闲等产业融合发展，形成了庞大的产业集群，带动了上下游产业的共同繁荣。最后，媒介产业在吸纳就业方面也发挥着重要作用。作为知识密集型、技术密集型产业，媒介产业为大量高素质人才提供了就业岗位，缓解了就业压力。

从微观经济层面来看，媒介产业对于满足人们日益增长的精神文化需求、提升生活品质具有重要意义。一方面，报纸杂志、图书音像、广播电视等传统媒介产品为人们提供了丰富多元的信息和文化食粮，传播了先进思想文化，充实了人们的精神世界。另一方面，数字出版、网络视听、移动多媒体等新兴媒介产品更是极大地丰富了人们的文化生活，以个性化、多样化、互动性强等特点满足了人们的个性化需求，提升了文化消费的品质和层次。媒介产业在文化传承创新、社会主义精神文明建设中的作用日益凸显。

此外，媒介产业还在构建现代传播体系、提升国家文化软实力等方面彰显出重要价值。它通过先进的传播手段和渠道，打造了立体化、融合化的现代传播格局，实现了信息的高效传播和文化的广泛传播。同时，优质的媒介产品也向世界传播了中国声音，提升了国家文化软实力和国际影响力。

四、媒介传播对社会行为的影响

（一）信息行为的变迁

信息行为的变迁体现在信息获取的主动性和针对性显著增强。在海量信息面前，人们不再满足于被动接受，而是主动搜索、筛选和订阅感兴趣的内容。搜索引擎的出现让人们可以通过关键词快速定位所需信息，个性化推荐算法则根据用户的兴趣特征精准推送内容，使得信息获取更加高效和精准。同时，用户还可以通过订阅 RSS 源、关注微信公众号等方式，持续获取特定领域或话题的最新动态。这种“按需取信息”的模式打破了传统媒介“广撒网”式的信息传播，让用户拥有了更大的信息自主权。

信息行为的变迁还表现为信息处理的碎片化和社交化趋势日益明显。在快节奏的现代生活中，人们往往利用碎片化时间浏览新闻、处理信息，倾向于阅读短小精悍的内容。为适应这一趋势，媒体纷纷推出了“图片新闻”“微头条”等新形态，通过将新闻事件浓缩提炼，迎合受众的阅读习惯。而随着社交媒体的兴起，信息处理也呈现出社交化特征。人们不仅在社交平台上获取信息，也习惯于通过转发、评论、点赞等互动方式参与信息的传播和讨论。“病毒式传播”和“裂变式分享”成为信息扩散的新模式，用户在参与互动的同时也成为信息的“二次生产者”。

此外，移动互联网的普及也深刻影响了人们的信息行为。随着智能手机和移动应用的广泛使用，信息获取和处理突破了时空限制，呈现出更强的移动性和实时性。通过手机，人们可以随时随地浏览新闻、处理邮件、与他人交流互动，信息触达的时效性大大提高。同时，移动设备还催生了全新的信息呈现方式，如“竖版视频”“H5 交互页面”等，为用户提供了更加丰富和沉浸式的信息体验。

媒介技术的进步不仅改变了信息的传播方式，也深刻影响了人们的信息素养和思维方式。在信息过载的时代，如何高效获取信息、甄别信息真伪、提炼信息精华，成为现代人必备的能力。与此同时，碎片化阅读也对人们的思维深度和专注力提出了挑战，如何在海量信息中保持独立思考和批判性思维显得尤为重要。这就要求我们在拥抱媒介变革的同时，也要主动提升媒介素养，以更加审慎和理性的态度对待信息。

（二）社会互动模式的转变

新媒介打破了时空限制，极大拓展了人们社交互动的范围和便捷性。通过社交网络、即时通信等工具，人们可以随时随地与远方的朋友保持联络，分享信息，交流思想。这种去中心化、去边界化的交互方式，改变了传统社交圈的封闭性和局限性，使得个体能够根据兴趣爱好、价值观念等自主选择交往对象，形成更加多元、包容的人际关系网络。

新媒介也为公众参与社会事务提供了更为便捷有效的渠道。网络舆论平台的兴起，使得普通民众能够突破传统媒体的议程设置，自主表达观点，参与公共议题的讨论。微博、微信、短视频等自媒体工具的普及，更是赋予了每个人传播信息、影响他人的能力。公众借助新媒介表达诉求、组织行动的社会参与案例屡见不鲜，凸显了草根力量在网络时代的崛起。

然而，新媒介对社会互动模式的影响是一把双刃剑。在拓展人际交往、促进社会参与的同时，新媒介也可能加剧社交隔离和群体极化等问题。沉浸于网络虚拟空间的个体，可能会逐渐疏离现实生活中的面对面交流，导致社交能力的退化和孤独感的上升。算法推荐、信息茧房等技术性因素，也可能强化个体原有的价值取向，限制其接触多元观点的机会，加剧群体分化和对立。

五、媒介传播对社会关系的影响

从宏观层面来看，媒介传播推动了群体认同的重构，影响着社会结构的变迁。一方面，媒介传播加强了人们对特定群体的归属感，促进了群体认同的形成。通过媒介平台，个体能够找到与自己价值观一致、经历相似的群体，产生共鸣和认同，从而强化其群体归属感。群体成员之间频繁的在线互动和情感交流，进一步巩固了群体凝聚力，甚至形成了群体亚文化。另一方面，媒介传播可能削弱传统的群体认同，引发社会结构的变革。传统社会中，群体认同主要建立在血缘、地缘等客观联系之上，而媒介传播使得个体可以根据主观意愿选择认同对象，削弱传统群体的约束力。同时，数字鸿沟的存在也可能加剧不同群体之间的隔阂，导致社会分化。

从微观层面来看，媒介传播极大地拓展了个体的社交圈，使人们能够跨越时空限制，与更多元化的群体建立联系。传统社会中，个人的社交网络主要局限于家庭、亲友、同事等熟人圈，而媒介传播打破了地域隔阂，让个体有机会接触到不同背景、不同观点的人，形成更为开放、多元的社交网络。例如，社交媒体平台为用户提供了广泛的互动空间，人们可以根据兴趣爱好、价值观念等自主选择加入各种社群，与志同道合者建立联系，获得归属感和情感支持。这种社交网络的扩展，不仅丰富了个人的社会资本，也为其提供了更多的信息、资源和机会。

另外，媒介传播能够增进不同文化群体之间的相互了解，促进文化认同感的形成与强化。通过对异域文化的介绍和展示，媒介能够拓宽受众的文化视野，消除文化偏见和刻板印象，引导人们以更加开放包容的心态看待文化差异。

第二章　文化交流概述

第一节　文化交流的概念与特点

一、文化交流的定义

（一）文化交流的基础定义

从本质上讲，文化交流是一个文化间相互影响与信息传递的过程。在这一过程中，不同文化背景下的个体或群体通过语言、文字、艺术、科技等多种载体，实现思想观念、价值理念、生活方式等文化要素的交换和传播。文化交流打破了文化的封闭性和隔离性，架起了不同文化间沟通的桥梁，形成了人类文明多元一体的发展格局。

文化交流的内涵是丰富而深刻的。它不仅仅局限于物质层面的文化产品交换，更涉及精神层面的价值观念、思维方式等深层次文化因素的互动。真正有意义和有价值的文化交流，应该是平等、双向的文化对话，是不同文化在保持自身特色的基础上，吸收他者文化的优秀成果，实现共同进步和发展。这种交流不是简单的文化移植或文化殖民，而是在尊重文化差异、坚定文化自信的前提下，推动不同文化间的互鉴、互补和共荣。

从发展历程来看，文化交流贯穿于人类社会发展的始终。远古时期，不同部落间的物物交换、通婚等活动，初步实现了文化的交流和传播。随着社会生产力的发展和交通工具的进步，文化交流日益频繁和深入。丝绸之路的开通，将古代中国的丝绸、瓷器、茶叶等物质文化和儒家思想、中医药学等精神文化传播到西亚、欧洲等地，极大地促进了东西方文化的交流。近现代以来，随着全球化进程的加快，文化交流呈现出空前的广度和深度。以互联网为代表的现代传媒技术，打破了时空的限制，极大地拓展了文化交流的渠道和领域。多元文化在交流、碰撞、融合中焕发新的生机和活力。

文化交流的形式和内容呈现出多样化的特点。从形式上看，文化交流既包括直接的面对面交流，如外交往来、文化考察、留学生交换等，也包括间接的、依托于一定媒介的交流，如书籍报刊交流、影视剧作品传播、网络信息交互等。从内容上看，文化交流涵盖了社会生活的方方面面，包括文学艺术、科学技术、风俗习惯、生活方式、价值理念等，呈现出海纳百川、兼收并蓄的特点。各种文化交流形式和内容相互交织、相互促进，共同推动人类文明的传承和发展。

（二）衍生含义及重要性

文化交流的意义体现在促进文明互鉴、推动人类进步方面。纵观历史长河，不同文明在交流中实现了优势互补、共同进步。例如，古代丝绸之路的开通，促成了中西方文化的交融，将东方的丝绸、瓷器、茶叶等特色产品与西方的黄金、玻璃、香料等珍品传播到世界各地，带动了商贸的繁荣与知识的传播。由此可见，文化交流为人类文明传承创新、社会发展进步提供了不竭动力。

文化交流是增进民心相通、促进世界和平的有效途径。不同国家、民族由于历史渊源、发展阶段、社会制度等差异，往往存在或大或小的文化隔阂。这种隔阂如果得不到消除，极易滋生偏见和对抗情绪，酿成国家、民族间的矛盾冲突。而通过平等、友好的文化交流，人们能够客观、全面地了解对方，消除误解，增进理解。文化交往中形成的惺惺相惜之情、心心相印之谊，能够化干戈为玉帛，促进民族友谊、国家友好，为维护世界和平奠定情感基础。当今时代，恐怖主义、极端民族主义等威胁世界和平的因素日益凸显，唯有通过包容、互鉴的文化交流，才能最终消除仇恨，让和平理念深入人心。

文化交流是实现文化自信、提升文化软实力的必由之路。中华文化源远流长、博大精深，在与其他文明交流互鉴中彰显独特魅力。中华文化具有海纳百川、兼收并蓄的胸襟气度，在交流碰撞中焕发蓬勃生机。当代中国要实现中华民族伟大复兴，必须坚持中国特色社会主义文化发展道路。这就要求我们在文化交流中展现中华文化独特精神内涵，用生动、鲜活的当代表达传播中华文化，增强中华文化的吸引力和感召力，让世界更好地了解中国、理解中国。

文化交流是构建人类命运共同体的题中之义。人类只有一个地球，各国共处一个世界。面对恐怖主义、环境污染、气候变化等全球性挑战，任何一个国家都无法独善其身。构建人类命运共同体，携手应对共同挑战，已经成为国际社会的普遍共识。文化交流为凝聚这一共识提供了基础和纽带。通过交流互鉴，不同国家、民族能够在尊重差异的基础上求同存异、和而不同，共商、共建、共享发展成果，让不同文明在交流中实现共同进步。“求同存异、和而不同”的文化交流理念已经成为新时代中国特色大国外交的重要内容。我们要秉持这一理念，促进不同文明交流对话，在合作共赢中谋求人类社会永续发展。

二、文化交流的主要形式

（一）直接与间接交流

直接的文化交流往往以实物为媒介，具有直观性和互动性的特点。在商品贸易中，特色文化产品的输出能够直接展示一个国家或地区的文化特色，增进人们对异域文化的了解。旅游活动则提供了面对面交流的机会，游客在亲身体验异国风情的同时，也向当地民众展示了自身的文化气质。这种沟通无疑有助于消除文化隔阂，增进相互理解。人才交流项目，如留学生交换、专家互访等，更是文化交流的重要渠道。通过在异国学习、工作、生活，人们能够更加深入、全面地感受和吸收异质文化，同时也向外传播本国文化，成为文化交流的使者。

相比之下，虚拟文化传播虽然缺乏直接互动，但其便捷性、普及性的优势不容忽视。借助现代传播技术，文化产品能够突破时空限制，触达更广泛的受众群体。一部优秀的文学作品，经由翻译出版、数字化传播，能够跨越国界，吸引不同文化背景的读者。一档精彩的电视节目，通过卫星传输、网络播放，同样可以深入人心。这些文化符号所承载的价值观念、审美情趣，在潜移默化中影响着受众，拉近了心理距离。值得一提的是，互联网为个体参与文化交流提供了前所未有的便利。在社交媒体上，来自不同国家的网民可以直接对话，就共同感兴趣的文化话题交换看法。在线课程让优质的文化教育资源惠及更多人群。可以说，虚拟文化传播极大地拓展了文化交流的广度和深度。

无论是实体文化交换还是虚拟文化传播，直接与间接的文化交流方式各有所长，相辅相成。实体交流侧重于亲身体验和情感沟通，虚拟传播则突出便捷普及和广泛影响。两种方式的有机结合，必将推动不同文明间的对话与融合，共同书写人类文明交流史的新篇章。

（二）国际交流与地区合作

从宏观层面来看，国际交流是国家之间开展文化对话、增进政治互信的重要平台。通过高层互访、文化年、旅游年等活动，国家领导人、政府官员能够直接对话，就共同关心的问题交换意见，为双边关系发展注入新的动力。同时，国际交流还能够营造良好的舆论氛围，消除误解和偏见，为构建人类命运共同体凝聚共识。近年来，中国与世界各国开展了形式多样的人文交流，如中国一东盟文化交流年、中国一欧盟旅游年、中国一非洲文化交流等，这些活动有力地促进了中外文化交流，展示了中国负责任大国的形象。

从中观层面来看，地区合作是周边国家增进了解、深化友谊的重要渠道。地缘相近的国家往往有着相似的历史文化背景和现实发展诉求，通过加强地区内的文化交流与合作，有利于增强彼此的认同感和凝聚力。例如，在东亚地区，中日韩三国在文化、旅游、教育、青少年交流等领域有着广泛合作，搭建起了多层次、全方位的人文交流网络。这种交流合作不仅促进了三国关系的发展，也为地区和平稳定提供了重要支撑。类似地，在东南亚、南亚、中亚、欧洲等地区，区域内国家间的文化交流也日益活跃，为推动地区一体化进程发挥了重要作用。

从微观层面来看，民间交流是推动国家间、地区间文化融通的重要力量。随着全球化的深入发展，越来越多的普通民众参与到国际文化交流中来。通过留学、旅游、商贸往来等方式，不同国家、不同地区的民众得以直接接触，感受彼此的风土人情，加深相互理解。这种交流虽然规模较小，但是最具活力，能够将国家间、地区之间的友好情谊扎根于民心之中。近年来，随着“一带一路”倡议的推进，我国与相关国家的民间交流日益频繁。中国游客走出去，共建“一带一路”国家民众走进来，双向交流、双向互鉴的格局正在形成。

三、文化交流的地域特征

（一）地缘文化特色

从宏观角度来看，不同的地理区域孕育了不同的文明，塑造了各具特色的文化样貌。例如，古埃及文明依托尼罗河得以形成和繁荣，而两河流域则是古巴比伦文明的摇篮。这些古老文明在与其他文化交流、碰撞的过程中，又进一步丰富和发展，形成了人类文明的璀璨星河。

从微观角度来看，地理环境影响着文化交流的方式、路径和内容。地形、气候、资源禀赋等自然地理要素，制约和引导着人们的生产生活方式，进而影响文化形态和发展轨迹。山川阻隔可能会造成文化的相对封闭和隔绝，而平原、河流、海洋则有利于文化的开放和交融。“丝绸之路”便是一个典型的例子。这条贯通欧亚大陆的商贸通道，不仅运载了丝绸、瓷器等物品，也传播了思想、艺术、宗教，成为不同文明对话交流的纽带。

地理环境影响和决定着文化交流的深度和广度。优越的地理位置，如交通枢纽、贸易重镇，往往能成为多元文化汇聚、交织的中心。以敦煌为例，它位于东西方文化的交汇处，曾是连接中原与西域的重要节点。这里云集了来自中原、西域、印度等地区的僧侣、商人、艺术家，多种语言、宗教、艺术在此交相辉映，创造了举世瞩目的敦煌石窟艺术。与之相对，闭塞、边远的地区则可能成为相对纯粹、单一文化的最后堡垒。

此外，地理环境的差异性也催生了文化交流的多样性。不同区域的人们在适应环境的过程中，形成了独特的生产方式、生活习俗、价值观念。当这些差异性文化相遇时，往往会擦出思想的火花，激发文明的活力。正是在不同文化的交流、融合中，人类社会才能不断进步、文明之树常青。

（二）地域文化交流模式

从地缘关系的角度来看，地理位置的邻近往往意味着更为频繁和深入的文化交流。比如，处于欧亚大陆核心地带的中亚地区，自古以来就是东西方文明交汇的要冲。这里的文化交流呈现出多元融合的特点，不同民族、不同信仰在此交织，形成了独特的文化景观。丝绸之路的开通，更是将中亚地区打造成为连接东西方的文化纽带，各种思想、信仰、艺术在此交融，催生出灿烂多姿的文明成果。

从自然环境的视角来看，不同的地理环境塑造了独特的文化交流方式。例如，草原文明以游牧经济为基础，游牧部落之间的交往往往伴随着迁徙活动，呈现出流动性和开放性的特点。这种交往方式有利于不同部落之间的文化交融，但也容易引发争夺和冲突。与之相对，农耕文明则以定居生活为基础，村落、城邦之间的交往相对稳定，文化传播的路径更为固定，因而形成了另一种节奏和风格的文化交流模式。

从社会发展水平的维度来看，不同地区的社会发展状况深刻影响着文化交流的模式。发达地区往往拥有更为先进的物质技术基础和更为开放的社会风气，因而在文化交流中处于主动和优势地位。它们可以利用自身优势，将本土文化推广到其他地区，实现文化输出和扩张。而欠发达地区则可能沦为文化交流的被动接受者，本土文化面临被同化和边缘化的危机。不过，欠发达地区也并非完全处于劣势，它们同样可以利用自身特色吸引发达地区的目光，推动平等互利的文化交流。

从交往主体的性质来看，官方与民间的文化交流方式存在显著差异。官方主导的文化交流活动，如国家间的文化年、文化周等，服务于双边关系发展的大局。这类活动规模大、规格高、影响广，有利于增进国家之间的了解和友谊。民间自发的文化交往，如留学生交换、旅游互访等，生动活泼，触及文化交流的本质。这类活动贴近民众生活，有利于不同文化背景下的人们建立情感联结，是文化交流的重要补充。

随着交通技术的进步和全球化的深入，地域之间的文化交流日益频繁，不同模式之间的界限也变得模糊。一个地区完全可能融合多种模式的特点，形成混合型的文化交流形态。这提醒我们，在分析不同地域的文化交流策略时，既要注意把握个性特征，又不能忽视共性因素，要用发展的、联系的眼光审视文化交流的复杂图景。

四、文化交流的多样性

（一）多元文化的交流平台

多元文化交流平台的形式多种多样，既包括传统的人员往来、文化交流活动，也包括新兴的网络社区、跨国媒体等。无论是何种形式，其核心目标都在于通过文化互鉴，增进不同文化群体之间的了解和认同，化解矛盾，凝聚共识。在这一过程中，平等对话和互相尊重是基本前提。每一种文化都有其独特的价值理念和行为方式，都值得其他文化以开放、包容的姿态去认识和欣赏。多元文化交流平台要打破文化霸权和偏见，为不同文化创造平等交流的机会，让每一个文化主体都能充分表达自己的声音。

多元文化交流平台应成为文化创新的源泉。文化交流绝非单向的信息传递，而是一个动态互动的过程。在这一过程中，不同文化相互借鉴、相互影响，激发出崭新的思想火花。多元文化交流平台应鼓励不同文化背景的人们积极分享彼此的生活经验、思维方式和价值观念，碰撞智慧的火花，孕育文化创新的萌芽。唯有在多元文化不断交融的土壤中，人类文明才能焕发更加绚丽的光彩。

多元文化交流平台肩负着传播文明、促进和平的使命。在文化交流中，不同群体能够加深对彼此的了解，消除偏见和成见，增进友谊与信任。这种跨文化的理解与合作，是维护世界和平、构建人类命运共同体的重要基石。多元文化交流平台应该成为连接不同文明的桥梁，为人类社会的进步贡献智慧和力量。

（二）多样性保护与挑战

全球化带来了不同文化之间的相互渗透和影响，促进了文化的交融与创新；强势文化的霸权地位也对弱势文化形成了一定的同质化压力，导致文化多样性的流失。如何在文化交流中维护多样性，已经成为一个亟待解决的现实问题。

文化的同质化是全球化背景下文化交流面临的主要威胁之一。在全球化的推动下，占据主导地位的强势文化不断向外扩张，对弱势文化产生深刻影响。这些影响不仅体现在物质文化领域，如饮食、服饰等方面的趋同，也体现在精神文化层面价值观念的渗透与改造。许多发展中国家为了追求现代化，不得不接受发达国家的文化模式和价值标准，导致本土文化逐渐失去生存空间。久而久之，文化多样性遭到削弱，人类文明的丰富性与创造力也将受到削弱。

与此同时，文化交流中的“去脉络化”倾向也对多样性构成威胁。在交流过程中，文化元素常常被简单化、片面化地挪用和传播，脱离了其赖以生成的社会历史语境，导致文化内涵的缺失和扭曲。例如，一些民族传统文化符号被商业化、娱乐化地使用，成为浮于表面的消费品，其深层的精神内核却被忽视甚至遗忘。这种“去脉络化”现象虽然扩大了文化符号的传播范围，但也导致了文化身份的模糊和意义的匮乏。从长远来看，这无疑是对文化多样性的一种伤害。

面对文化同质化和“去脉络化”的双重挑战，积极采取措施维护多样性已经成为文化交流不可回避的责任。首先，要加强对弱势文化的保护，为其提供必要的政策与资金扶持，营造有利于多元文化并存的社会环境。其次，要提倡文化交流中的“脉络化”原则，重视对文化的整体性理解，尊重不同文化的独特性和差异性，反对将文化简单化为符号和标签。最后，要发挥文化交流的桥梁作用，增进不同文化群体之间的认知和理解，化解偏见与对立，推动多元文化在交流中实现共生共荣。

第二节　文化交流的基本原则

一、尊重文化多样性

（一）多样文化的价值与意义

从知识层面来看，不同文化蕴含着丰富多样的智慧结晶。不同民族在长期的生产生活实践中，积累了大量宝贵的科学技术成果，如中国古代的四大发明、玛雅人的天文历法等，这些知识对人类文明进步产生了深远影响。同时，不同文化还创造出了灿烂辉煌的哲学思想、文学艺术，如古希腊的柏拉图哲学、欧洲文艺复兴时期的人文主义思想等，极大地丰富了人类精神世界。

从社会发展层面来看，不同文化的交流互鉴推动了人类社会的进步。通过文化交流，不同民族相互学习，取长补短，推动了科学技术、经济贸易的发展。古代丝绸之路的开通，不仅促进了中西方物质文明的交流，也成为东西方文化交流的桥梁。近代以来，世界各国在经济全球化的推动下加强了文化交流与合作，形成了你中有我、我中有你的人类命运共同体，为解决全球性问题、促进共同发展提供了文化基础。

从价值观念层面来看，多元文化的并存丰富了人类的精神家园。不同文化蕴含着不同的价值理念和道德准则，为人类社会提供了重要的行为指引和精神支撑。在全球化时代，不同文化的交流碰撞，既凸显了文化差异，也促进了文明互鉴，有助于人类社会形成兼容并蓄、和而不同的价值共识。

多元文化以其独特的方式滋养着人类情感，构建多彩的人类精神家园。不同地域的风土人情、不同民族的生活方式，都蕴藏着独特的情感体验和审美意趣。这些文化元素不仅给人们的生活带来了情趣和魅力，也提升了人们欣赏美、创造美的能力。此外，流淌在不同文化中的人文关怀，为构建人类命运共同体提供了重要的情感纽带。

（二）文化多样性的挑战与机遇

从积极的角度来看，文化多样性为人类提供了丰富的精神滋养。不同民族、不同地域的文化各具特色，它们以独特的方式表达着人类对美好生活的向往和追求。通过文化交流，我们能够欣赏不同文明的瑰丽，领略人类智慧的博大精深。正如联合国教科文组织所指出的，“正是凭借丰富的多样性，文化才得以相互交融、互为补益，这是我们所有人的精神食粮”。可以说，文化多样性是人类宝贵的精神财富，为我们开启了认识世界、认识自我的崭新视角。

文化差异也可能成为人们相互理解、和谐相处的障碍。不同文化背景下，人们的价值观念、行为方式存在差异，这些差异有时会引发误解和冲突。例如，在个人主义文化中，人们强调个体权益，主张“人人为己”；而在集体主义文化中，人们更看重集体利益，强调“舍小家顾大家”。如何在尊重差异的同时求同存异，在保持文化特色的同时加强交流互鉴，是摆在我们面前的一道难题。

事实上，文化差异并非不可逾越的鸿沟。通过平等对话、互学互鉴，不同文化完全可以实现和谐共生。瑞士著名作家迪布弗曾提出“精神相遇”的概念，他指出，虽然世界上没有两片相同的树叶，但万物都有其共同之处，关键是要用一种包容、欣赏的心态去发现这种共通性。同理，尽管不同文化存在差异，但人类对真善美的追求却是一致的。在这一追求中，不同文化可以互为参照，取长补短，最终实现共同进步。

促进不同文化和谐共生，需要我们秉持开放包容的态度，在交流中不断增进理解。一方面，我们要尊重文化差异，以平等、谦逊的姿态对待不同文化，努力通过换位思考、移情理解来化解偏见和误解。另一方面，我们要主动学习借鉴，从不同文明的智慧中汲取营养，在比较中完善自我。正如一位哲人所言：“唯有在个别文明之间展开持久而坦诚的对话，我们方能从空泛的抽象概念中解脱出来，最终达致互相尊重，彼此欣赏。”

（三）全球化背景下文化多样性的维护策略

1. 加强不同文化间的平等对话

在全球化进程中，西方发达国家凭借其强大的经济实力和传媒优势，其文化价值观念得以广泛传播，形成了一种文化霸权主义倾向。这种不平等的文化关系，压缩了弱小民族文化的生存空间。因此，必须倡导不同文化之间的平等交流，尊重文化差异，摒弃文化偏见和歧视。只有在平等和谐的氛围中，不同文化才能真正展现自身魅力，实现共同繁荣。

2．完善相关法律制度

多样的文化既是人类的共同财富，也是各民族的基本权利。联合国教科文组织通过的《保护和促进文化表现形式多样性公约》，明确了缔约国有义务采取相应措施，保护本国的文化表现形式。我国也制定了一系列法律法规，加强对民族文化和非物质文化遗产的保护。各国应进一步健全相关法律体系，为文化多样性提供制度性保障。

3．加大对弱势文化的扶持力度

在全球化竞争中，许多弱小民族的传统文化和语言面临着消亡的危险。因此，国际社会和各国政府应加强对濒危文化的抢救和保护，设立专项基金，支持传统文化的传承和发展。与此同时，还应大力发展民族文化产业，开发具有民族特色的文化产品，提升传统文化的影响力和生命力。

4．加强全球伦理教育，提升民众的文化多样性意识

媒体和教育部门应发挥引导作用，帮助公众客观认识不同文化，增进对多元文化的理解和包容。学校应开设相关课程，引导学生尊重文化差异，培养跨文化交际能力。只有公众普遍形成文化多样性意识，社会各界形成维护文化多样性的共识，构建和谐包容的多元文化格局才有可能实现。

二、平等互利原则

（一）文化交流中的平等性

平等是指参与交流的各方都应受到尊重，不分国别、种族、宗教信仰等因素，拥有平等表达自身文化特色的权利。这种平等不仅体现在法律和制度层面，更应渗透到人们的交往理念和行为方式中。在思想观念上，我们要摒弃文化优越感，以开放包容的态度对待不同文化，努力消除偏见和歧视。在实际交往中，我们要尊重对方的风俗习惯，平等对话，求同存异，而不是强加于人或者照搬照抄。

与平等相伴相生的是互利共赢的理念。任何持久、稳固的文化交流都应建立在互利共赢的基础之上。一方面，文化交流应为各参与方带来实实在在的利

益，如经济机会、社会进步、民心相通等，这样才能调动各方的积极性和创造性。另一方面，文化交流也应成为解决人类共同面临的现实问题的途径，如环境保护、减贫脱困、反对恐怖主义等，这样才能彰显文化交流的现实意义。互利共赢的理念要求我们在谋求自身发展的同时，也要考虑他人的利益；在追求本国文化繁荣的同时，也要为他国文化发展创造条件。

建立平等互利的国际文化交流秩序，需要国际社会的共同努力。联合国教科文组织在推动不同文明间的对话与合作方面发挥着重要作用，《保护和促进文化表现形式多样性公约》等国际文书为文化平等交流提供了法律基础。各国政府应秉持互利共赢的原则，通过政策协调和利益均沾，为文化交流营造良好环境。民间组织和个人也应成为平等交流的积极参与者和推动者，通过日常交往传播平等互利的理念。

平等互利的理念源自人类文明进步的需要，也是构建人类命运共同体的应有之义。在经济全球化和文化多元化的当下，没有哪个国家或民族能够独善其身，彼此尊重、互通有无已成为时代发展的必然选择。作为文化交流的参与者，我们要立足平等互利，以海纳百川的胸襟拥抱多元文化，在交流互鉴中实现共同进步。唯有如此，国际文化交流才能真正发挥架设民心相通之桥、推动人类文明进步的重要作用。

（二）促进平等互利的国际策略和政策建议

在国际层面，联合国教科文组织等国际组织应积极倡导文化多样性，推动文化遗产保护，为不同文化间的交流搭建平台。通过举办国际文化节、艺术展览、学术研讨会等活动，国际组织可以增进不同国家和民族之间的了解，营造包容、尊重的文化氛围。同时，国际组织还应制定相关公约和宣言，如《保护和促进文化表现形式多样性公约》，为文化交流提供法律和政策保障。

在国家层面，各国政府应将文化交流纳入国家整体外交战略，制定有利于文化交流的政策措施。一方面，政府可以通过签署文化交流协定，为两国在文化、教育、科技等领域的合作提供制度保障。另一方面，政府应加大对文化交流活动的资金支持，设立专项基金，资助文化交流项目。

此外，各国政府还应重视人才培养，加强文化交流领域的专业人才教育。通过开设国别和区域研究专业，培养懂外语、熟悉他国文化的高素质人才，为文化交流提供智力支持。政府还可以设立奖学金项目，资助本国学生赴他国留学，鼓励他国学生来本国学习，以教育为纽带促进文化交流。

文化交流的深入发展，还有赖于民间力量的广泛参与。各国政府应积极引导和支持民间文化交流，为民间组织开展文化交流活动提供必要的政策和资金支持。同时，还应加强对文化交流活动的引导，防止文化交流沦为商业活动，确保其公益属性。

三、开放包容态度

（一）开放心态的重要性

从个体层面来看，开放心态有助于拓宽视野，丰富人生阅历。每一种文化都蕴含着独特的智慧和精髓，折射出人类对世界的不同理解和诠释。怀着开放包容的心态去感受异域风情，去倾听不同的声音，我们就能跳出自身文化的局限，以更加开阔的视角审视世界，获得全新的启迪和感悟。正如孔子所言："三人行，必有我师焉。"与不同文化背景的人交流，我们往往能受益匪浅，在思想的交锋中不断反思自我，在观念的碰撞中持续完善自我。

从社会层面来看，开放心态是构建和谐包容社会的重要基石。当今世界，不同文化、种族、信仰的人们共同生活在地球村，彼此难免存在分歧和矛盾。如果我们故步自封，坚持己见，就容易产生隔阂和对立；反之，如果我们秉持开放包容的心态，求同存异、互学互鉴，就能达成理解和共识，化解矛盾，增进友谊。一个成熟、文明的社会，应该张开双臂欢迎不同文化，在多元共生中实现和谐发展。

从国家层面来看，开放心态是提升文化软实力、促进民心相通的必由之路。文化作为一个国家的灵魂，既彰显民族个性，又承载人类文明的多样性。一个具有文化自信的国家，应该以开放的姿态走向世界，在传播本国优秀文化的同时，虚心学习借鉴其他文明的精华。唯有如此，才能增强文化的感召力和影响力，赢得国际社会的认同和尊重。文化交流从来就不是单向的输出，而是平等的对话、双向的互动。以开放包容的心态对待不同文化，秉持互学互鉴的理念，才能推动不同国家之间的民心相通，为构建人类命运共同体凝聚共识、夯实基础。

（二）包容差异的文化智慧

从文化人类学的视角来看，任何一种文化都有其独特的价值体系、行为模式和思维方式。这些特质塑造了该文化的独特性，也造就了不同文化之间的差异。然而，我们不应将文化差异视为相互隔阂的鸿沟，而应把它看作沟通交流的起点。正是在差异中，我们才能看到自身文化的局限，进而反思、调整、完善；也正是在差异中，我们才能欣赏到其他文化的独特魅力，从而丰富自身的文化视野。

包容差异需要换位思考的能力。每一种文化都有其生成和发展的历史语境，我们不能脱离特定语境去简单地判断它的优劣。相反，我们要努力站在对方的立场上去理解不同文化行为背后的深层原因。例如，一些文化强调集体主义价值观，而另一些文化推崇个人主义精神，这些差异反映了不同社会的生存状态和现实需求。只有用发展的、辩证的眼光去分析差异，我们才能在尊重他者的同时坚守自我。

在求同存异的过程中，我们要学会聚焦文化的共通性。不同文化之间的差异固然客观存在，但人类在基本价值追求上却有着惊人的相似。和平、发展、公平、正义、民主、自由，这些理念无不体现了人类共同的向往。事实上，不同文化在漫长的发展历程中从未停止过彼此交流借鉴的脚步。从丝绸之路上的商旅互市，到今天全球化语境下的文化多元共生，无不印证了跨文化交流的生命力。我们完全可以在差异中发掘共同价值，并以此作为文化交流的基石。

包容差异的文化智慧还体现在对多元文化的兼收并蓄上。一个成熟、开放的文化，从来都是在与其他文化不断碰撞交融中成长起来的。它既能从他者身上汲取有益元素，又能保持自身的文化特色。以中华文化为例，儒、释、道三家思想既有不同见解，但又能和谐共生、交相辉映，这正是中华文化海纳百川的生动写照。可以说，文化交流绝不是单向度的输出或照搬照抄，而是一个互学互鉴、兼收并蓄的动态过程。唯有在这样的过程中，一种文化才能历久弥新、发展壮大。

（三）开放包容的社会实践

在开放包容的社会环境下，文化交流和传播呈现出多元化、立体化的特点。一方面，全球化进程加速了不同地域、不同民族文化的相互融合与碰撞。人们可以通过互联网、大众媒介等渠道，便捷地接触到世界各地的文化元素，了解不同文明的思想观念和生活方式。这种文化多样性不仅丰富了个体的精神世界，也为人类文明的发展注入了新的活力。另一方面，文化交流日益突破地理和时间的限制，表现出更加立体化的特征。除了传统的面对面交流，人们还可以借助数字技术开展虚拟互动，实现跨时空的文化对话。这种立体化的交流方式打破了文化传播的壁垒，拓宽了不同群体之间沟通的渠道。

然而，要真正实现文化交流的深度融合，仅仅依靠丰富的渠道和频繁的互动是远远不够的。更为关键的是要在社会层面营造开放包容的氛围，鼓励不同文化背景的人们彼此尊重、平等对待。这就要求我们摒弃文化偏见和狭隘的民族主义情绪，以海纳百川的胸怀看待文明的多样性。在教育领域，学校应当通过开展多元文化教育，帮助学生树立正确的文化观，提升跨文化交流的能力。同时，政府和社会组织也应积极营造有利于文化交流的制度环境，完善相关法律法规，为不同群体之间的文化互鉴提供制度保障。

在现实生活中，开放包容的理念已经得到越来越广泛的践行。以国际留学为例，各国政府纷纷出台优惠政策，鼓励本国学生赴海外学习，同时也欢迎其他国家的学生来本国求学。这种跨国流动不仅促进了教育资源的共享，也为青年学子提供了体验异域文化的机会；许多城市定期举办国际文化节，邀请来自不同国家和地区的艺术家、表演团体前来交流。在文化节期间，各色展览、演出轮番上演，呈现出多元文化交相辉映的景象。参与者不仅可以欣赏到异国风情的艺术瑰宝，也能与其他文化背景的人士进行面对面的交流，增进相互了解。类似的文化交流活动在世界各地蓬勃开展，成为促进民心相通、推动人类命运共同体建设的重要纽带。

四、文化适应与融合

（一）文化适应的路径

对于个人而言，文化适应的首要任务是学习目的地国家或地区的语言。语言不仅是交流的工具，也是文化的载体。通过学习当地语言，个人能够更好地理解当地人的思维方式、价值观念和行为习惯，从而实现跨文化交流。同时，语言学习也有助于个人建立人际关系网络，扩大社交圈子，为日后的生活和工作打下基础。除了语言学习，个人还需要主动了解和体验当地的生活方式，包括饮食习惯、社交礼仪、休闲娱乐等方方面面。通过亲身实践，个人可以更直观地感受异国文化的独特魅力，学会欣赏和包容差异。在这一过程中，保持开放和谦逊的态度至关重要。要尊重当地的文化传统和社会规范，避免以自己的文化标准去评判他人。只有秉持包容和互鉴的精神，才能真正实现文化的交流与融合。

对于群体而言，文化适应的过程更加复杂和漫长。这需要群体成员之间的密切配合和共同努力。首先，群体需要建立起完善的组织架构和管理机制。通过明确的规章制度和工作流程，协调成员之间的分工合作，提高整体的工作效率。其次，群体要重视内部的跨文化培训和教育。组织专门的培训课程，邀请当地文化专家进行讲解，帮助成员尽快熟悉异国环境，减少文化冲突。最后，群体应积极融入当地社区，参与公益活动，树立良好的社会形象。通过与当地民众的交流互动，拉近彼此距离，化解隔阂与偏见。只有群体上下一心，内外兼修，才能在跨文化环境中站稳脚跟，实现长远发展。

（二）文化融合的现实挑战

1. 文化差异

不同民族、国家、地区形成的文化在价值观念、思维方式、行为习惯等方面存在显著差异，这些差异根深蒂固，难以在短时间内消除。文化差异容易导致文化冲突和误解，不利于文化交流和融合。例如，在跨国企业中，来自不同文化背景的员工在工作方式、沟通模式上的差异常常引发矛盾和冲突，影响团队协作和组织绩效。

2. 文化认同危机

在文化融合过程中，弱势文化面临被强势文化同化、吞噬的风险，其独特性和多样性可能会逐渐丧失。这种失去文化根基、文化归属的焦虑感会引发文化认同危机，导致文化排斥和对抗。

3. 文化霸权主义

在文化交流中，经济实力雄厚、政治影响力大的国家常常利用自身优势推行文化霸权，将本国文化价值观强加于人。这种不平等的文化关系扭曲了文化交流的本质，加剧了文化冲突，引发文化抵制和对抗。

4. 文化失衡现象

在文化交流中，文化输出和吸收的失衡可能导致单向度的文化渗透，削弱文化多样性。文化失衡现象不利于不同文化之间的平等对话，无法实现真正意义上的文化融合。例如，在经济全球化进程中，发达国家文化产品的大量输出可能会对发展中国家文化生态造成破坏，引发文化失衡和文化安全的担忧。

面对文化融合过程中的重重困难和挑战，我们需要采取有效的应对策略。培养文化包容性，尊重文化差异，树立平等开放的文化交流理念，是化解文化冲突、促进文化融合的关键。同时，加强不同文化之间的平等对话与交流，促进文化互鉴，寻求共同价值，也是推动文化融合的重要途径。此外，还需增强文化自信，提升本土文化软实力，维护文化安全，推动不同文化的均衡发展。只有正视挑战，采取有效应对，才能化解文化融合过程中的困境，实现不同文化的和谐共生。

（三）融合与保留

在全球化时代，外来文化的影响日益增强，一些国家和地区的本土文化面临被边缘化、同质化的风险。若任其发展，许多独特的文化遗产就可能会消失殆尽，人类文明的多样性将不复存在。因此，在推动文化融合的过程中，必须高度重视对本土文化的保护。这需要从法律、政策、教育等多方面入手，加强对本土文化资源的挖掘、整理和传承，提高全社会的文化自觉和文化自信。只有根基稳固，本土文化才能在与外来文化的交流中实现创新发展。

事实上，文化融合绝非单向度的“化他为我”，而应是多元文化间平等、互鉴的过程。一味地追求文化趋同，强调外来文化的优越性，无疑是一种文化霸权主义的表现。真正的文化交流应该尊重不同文明的特质，在对话与互动中达成共识、实现共赢。这就要求我们以开放包容的态度对待不同文化，既学习借鉴其优秀成果，又保持自身特色，在融合中实现创新、在互鉴中实现发展。

文化保留与融合的平衡需要文化交流参与各方的共同努力。对本土文化而言，要善于从传统中汲取营养，不断与时俱进、创新发展，增强文化内生力和生命力。同时，也要积极吸纳外来文化的有益元素，在交流互鉴中实现自身的转型升级。只有在动态平衡中实现传承与创新的统一，本土文化才能焕发新的生机与活力。

五、文化传播的伦理规范

（一）伦理规范在文化传播中的重要性

从文化传播的内在逻辑来看，伦理规范是维系文化交流秩序的基石。任何文化传播活动都不是孤立存在的，而是在特定的社会语境中展开的。这一语境不仅包括政治、经济等因素，还包括道德伦理等软实力要素。伦理规范为文化传播活动确立了基本的行为边界和道德底线，使得文化交流能够在有序、健康的轨道上运行。如果没有伦理的约束，文化传播就可能出现失范、失控的现象，甚至演变为文化侵略或文化霸权。只有遵循基本的伦理原则，文化传播才能真正实现其促进不同文明交流互鉴的功能。

从文化传播的现实效果来看，伦理规范是提升文化交流质量的关键。当前，网络技术的发展极大地拓展了文化传播的渠道和范围，但也带来了一些伦理风险和挑战。在网络空间中，一些不当的文化内容可能会迅速传播，对社会产生负面影响。例如，一些宣扬暴力、色情、极端主义等不良内容，就可能误导受众，特别是青少年群体；一些带有种族歧视、地域偏见等色彩的言论，则可能加剧社会矛盾，破坏文化交流的和谐氛围。这都需要有效的伦理规范来加以引导和约束。通过树立正确的文化传播伦理，营造风清气正的文化交流环境，才能不断提升文化传播的品位和内涵。

从文化传播的价值目标来看，伦理规范是彰显人文关怀的体现。文化传播不仅仅是信息的传递，更是情感的沟通、精神的碰撞。它关乎不同文化背景下人们的价值观念、审美情趣、生活方式等。伦理规范为文化传播注入了人文精神，体现了对人的尊重和关怀。例如，在异质文化交流中，伦理要求我们以平等、谦逊的态度对待彼此的文化传统，而不是采取傲慢、偏狭的立场；在本土文化传播中，伦理规范强调要尊重差异，包容多元，而不是搞一言堂、文化专制。正是在伦理的指引下，文化传播才能真正成为不同文明之间平等对话、和谐共处的桥梁。

（二）文化传播伦理的基本原则

1. 尊重文化差异

在传播过程中，我们必须充分认识到不同文化的独特性和多样性，以平等、包容的心态对待不同的价值观念和行为方式。文化差异不应成为交流的障碍，更不能以自身文化的标准去评判他者。相反，正是在差异中求同存异，在交流中促进理解，才能实现文明的互鉴和共荣。同时，我们还应清醒地看到，尊重并非漠视，对于那些危害人类福祉的文化现象，我们有必要旗帜鲜明地予以批判和抵制。

2. 传播主体的自律

从事文化传播活动的个人和组织，应当具备高度的社会责任感，谨慎对待传播内容的选择，坚决抵制低俗、庸俗的文化。在追求经济效益的同时，应注重社会效益和文化引领作用的发挥。此外，传播主体还应不断加强自身修养，提高文化鉴赏力和道德判断力，自觉摒弃狭隘偏执的文化立场，以开放、理性的心态投身文化交流实践。唯有如此，才能真正肩负起文化传播的神圣使命，推动人类文明的进步。

3. 接受主体的文化自觉

在全球化语境下，我们每个人都难免受到异质文化的影响和冲击。面对纷繁多样的文化现象，我们既要保持自己的文化主体性，又要学会甄别各种文化的优劣。一方面，要增强文化自信，坚定对本民族优秀传统文化的认同；另一方面，要主动学习借鉴人类文明的先进成果，在吸收中实现自身的升华。只有接受主体具备较高的文化素养和判断力，文化传播活动才能真正实现其育人化成的功能。

（三）全球化与本土文化传播伦理的冲突与调和

客观而言，在全球化时代，文化的交流融合是大势所趋，任何封闭保守的做法都无益于本土文化的发展。问题的关键在于，在文化交流过程中，要坚持平等互利原则，反对文化霸权主义。一方面，我们要以开放包容的心态，学习借鉴其他民族的优秀文化成果，用其来丰富和发展本民族文化；另一方面，对于外来文化中不符合本民族价值观念、伦理道德的内容，要本着对民族文化负责的态度，进行有原则的抵制和批判。

在全球化时代处理好全球性文化传播与本土伦理规范的关系，需要文化传播主体采取理性、审慎的态度。既要以海纳百川的胸襟接纳优秀文化成果，又要以高度的文化自觉，抵御外来文化中不良因素的侵蚀。只有在坚持民族文化本位的前提下，以审慎的态度对待全球文化，才能在文化全球化浪潮中保持自身的文化特色，实现民族文化的创新发展。

第三节　文化交流的社会影响与作用

一、文化交流对社会价值观的影响

（一）价值观念的多元化

文化交流带来的价值观念多元化，体现在个体思维方式的变革上。通过与异质文化的接触和对话，个体能够跳出原有思维定式的桎梏，以更加开放、包容的心态看待世界，形成多元、立体的价值判断标准。这种思维方式的转变，使个体在面对复杂多变的现实情境时，能够基于多元价值理念作出理性抉择，而不再囿于单一、僵化的价值观念。可以说，文化交流通过开拓个体的眼界和胸襟，为其提供了多元化的价值选择，进而推动整个社会价值观念的多元发展。

价值观念多元化的另一个重要表现，是不同文化价值理念的交融与创新。在文化交流的过程中，来自不同文化背景的价值观念难免会产生冲突和碰撞，但这种冲突却蕴含着价值观念创新的可能。通过对不同文化价值理念的比较、批判与反思，人们能够吸收其中的合理内核，摒弃其中的糟粕，在综合与重构中形成新的价值观念。这种价值观念的交融与创新，既是不同文化相互理解、相互尊重的结果，也为人类社会价值理念的丰富和发展注入了新的活力。

然而，我们也应看到，文化交流引发的价值观念多元化，并不是一个一蹴而就、直线式发展的过程。在现实中，价值观念的冲突与融合往往呈现复杂、曲折的态势，存在着一些亟待解决的问题与挑战。例如，在多元价值观念并存的语境下，如何在尊重差异的同时达成基本共识，在包容多样性的同时坚守主流价值，这都需要我们在文化交流的过程中予以审慎思考和妥善应对。

（二）传统与现代价值观的冲突与融合

传统价值观与现代价值观在诸多领域存在冲突。在伦理观念上，传统社会讲究尊卑有别、长幼有序，现代社会则提倡平等互利、独立自主。在生活方式上，传统文化推崇节俭朴素，现代文明则提倡享受生活、张扬个性。这些差异必然引发价值观的碰撞，产生思想观念的交锋。

然而，冲突并非文化交流的主旋律，融合才是价值观互动的根本走向。事实上，传统价值观中的许多元素，如重义轻利、诚实守信等，对于现代社会仍具有积极意义。同时，现代价值观的一些思想，如人文关怀等，也可以丰富和发展传统文化。因此，只有在交流中取长补短、融会贯通，才能实现价值观的创新发展。这就要求我们以开放包容的心态，在继承传统优秀文化基因的同时，积极吸收现代文明的先进成果。

文化交流对于价值观念的影响是一个长期而复杂的过程。一些学者通过实证研究发现，频繁的文化互动有助于价值趋同，不同地域、不同群体的价值观念会在相互交融中逐步趋于一致。比如，随着全球化的深入发展，东西方价值观在诸多领域实现了对话。这表明，文化交流对于人类命运共同体的构建具有重要意义。

我们也要看到，价值观的融合绝非一蹴而就，其中难免存在阻力和摩擦。保守思想和文化偏见在一定程度上阻碍了价值观的交流互鉴。因此，需要我们加强文明交流互鉴，增进不同文化背景下人们的理解和认同，在求同存异中谋求共识，在相互尊重中实现共赢。只有秉持开放、包容、互鉴、互利的理念，才能消除隔阂偏见，促进价值观交融，共创人类美好未来。

（三）价值观的全球化趋势

传统价值观念往往根植于特定的地域环境和历史条件，带有浓厚的地方特色。然而，在全球化时代，封闭保守的价值观念已经难以适应时代发展的需要。文化交流为人们提供了接触异质文明、拓宽思想视野的机会，使其能够突破地域和民族的局限，形成更加开放包容的价值观。在这个过程中，不同文化的优秀元素得以互鉴共享，彼此吸收有益的营养，实现价值观念的革新和升华。

同时，文化交流也在塑造全人类的共同价值追求。和平、发展、公平、正义、民主、自由等理念日益成为各国人民的普遍共识。这些理念超越了国家和民族的界限，代表了人类文明进步的方向，是全球化时代的最大公约数。

此外，文化交流还促进了人们对文化多样性的尊重和欣赏。在全球化进程中，不同民族文化不是相互隔绝、彼此对立，而是在交流互鉴中实现共生共荣。每一种文化都是人类智慧的结晶，都以自身独特的方式丰富着世界文明的内涵。文化交流帮助人们认识到，没有任何一种文化可以取代其他文化，也没有任何一种文化可以凌驾于其他文化之上。只有在平等交往、互学互鉴中，才能实现不同文化的和谐共处、共同繁荣。

需要指出的是，文化交流对价值观念的影响是一个长期而复杂的过程，不可能一蹴而就。在交流过程中难免会出现文化冲突和价值观念分歧，但这恰恰说明了加强文化交流的必要性。只有在持续不断交流对话中，增进不同民族间的了解和信任，才能消除隔阂，化解矛盾，达成共识。这既需要政府层面的引导和推动，更需要民间力量的积极参与和互动。

二、文化交流对社会认同的促进

（一）文化自信的树立

通过与其他文化的交流互鉴，个体能够更加全面、客观地认识本民族文化的独特价值和魅力，进而树立起对民族文化的自豪感和认同感。在交流过程中，个体深入了解本民族文化的历史渊源、发展脉络和精髓要义，领略其博大精深、源远流长的文化底蕴，感悟蕴含其中的智慧结晶和精神财富，由此激发起强烈的文化归属感和认同感。

文化交流也为个体提供了将本民族文化与其他文化进行比较的机会。通过横向比较，个体能够发现本民族文化的特色优势和独特魅力，认识到其在世界文化多元格局中的地位和价值，进而增强文化自信心。在与不同文化背景的人进行交往互动时，个体以开放包容的心态介绍、展示本民族的文化瑰宝，传播民族文化的精髓理念，既丰富了自身对本民族文化的认识，又增进了他人对本民族文化的了解和欣赏，使民族文化在交流互鉴中焕发勃勃生机。

当代中国的文化交流实践生动诠释了这一理念。近年来，中国积极开展“欢乐春节”“四海同春”“感知中国”等品牌文化交流活动，向世界展示中华文化的独特魅力。这些活动吸引了海内外民众的广泛参与，增进了中外民众对中华优秀传统文化的认知和理解。中华文化以其博大精深、和合共生的价值理念赢得了国际社会的广泛赞誉，极大增强了中国人民的文化自信心。无数海外游子在与外国朋友分享中国诗词、戏曲、书法等文化瑰宝时，内心涌动着对祖国文化的自豪感，对民族文化传承创新的使命感油然而生。

当代中国的文化走出去，正是民族文化自信的生动体现。在与世界文明的交流互鉴中，中华文化展现出强大的生命力和感召力。越来越多的中国人意识到，中华文化不仅是民族之魂、国家之魂，更是人类文明宝库中的瑰宝。这种由衷的文化自信，正是在文化交流中不断加强民众文化认同感的结果。正如习近平总书记指出，“文明因交流而多彩，文明因互鉴而丰富”。只有在交流互鉴中充分认识中华文化的价值，才能真正树立起民族文化自信，焕发出中华文化创造性转化和创新性发展的勃勃生机。

（二）跨文化认同的形成

要形成跨文化认同，就必须个体具备开放包容的心态。只有以平等、谦逊的态度对待不同文化，才能真正走进对方的文化世界，理解其独特的价值观念、思维方式和行为习惯。同时，个体还应主动寻求与不同文化背景的人交流的机会，通过日常互动增进相互了解，发现文化差异背后的共性，进而产生情感共鸣。例如，在跨国企业工作的员工，通过与来自不同国家的同事合作，能够深切体会到文化多样性的积极意义，学会换位思考，形成包容并蓄的跨文化心态。

跨文化认同需要个体深入理解不同文化的内涵。仅停留在表面的交往无法真正促进认同的形成，个体必须透过现象看本质，深入探究不同文化的历史渊源、价值理念、社会制度等，才能全面把握其精神实质。通过系统学习和研究，个体能够客观认识不同文化的独特魅力，摆脱成见和偏见的束缚，用开放、理性的态度看待文化差异，达成认知层面的认同。例如，通过阅读不同国家的文学作品、欣赏异域风情的艺术，个体能够深切感受到不同文化的丰富内涵，领略人类文明的多元风貌，树立欣赏差异、求同存异的文化观。

跨文化认同还需要个体在行为实践中彰显对不同文化的尊重。认同绝非抽象的概念，而是需要外化于具体行动的生动实践。个体要主动融入不同的文化情境，学习并适应当地的社交规范和行为方式，以实际行动表达对该文化的欣赏和认可。同时，个体还应成为不同文化之间沟通的桥梁，通过自身行为向他人传递跨文化理解与包容的价值理念，推动更多人形成跨文化认同，共建和谐友好的多元文化氛围。例如，在跨文化工作团队中，通过相互学习工作语言、适应沟通方式，个体能够形成默契配合，在合作中感受到文化差异也能催生共同进步的动力。

（三）民族文化认同与国家认同的关系

民族文化认同是国家认同的重要基础。每个民族都有自己独特的语言、习俗、艺术等文化特征，这些文化要素塑造了民族的集体记忆和身份认知，是民族成员情感联结的纽带。个人对本民族文化的认同，能够增强其对民族的归属感，进而转化为对国家的认同。因此，民族文化认同在很大程度上决定了国家认同的深度和广度。

国家认同也会深刻影响民族文化认同。国家作为民族最高层级的政治组织形式，其政治制度、意识形态等因素会塑造国民的价值观念和行为方式，并通过教育等途径影响民族文化的传承和发展。一个国家的凝聚力和向心力越强，其公民对国家的认同感就越高，也更容易在不同民族之间形成共同的价值追求和文化认知。反之，国家认同感的缺失，可能加剧民族文化的分异和对立。

文化交流在增进民族文化认同和国家认同中发挥着重要作用。首先，文化交流有助于增进不同民族之间的了解和欣赏。通过平等、友好的文化交流，不同民族能够全面、客观地认识彼此的文化特质，消除偏见和隔阂，树立相互尊重、相互包容的意识。这种跨文化理解是民族文化认同的重要前提。其次，文化交流有利于不同民族文化在交流中取长补短、共同进步。一方面，交流使得各民族优秀文化成果能够跨越民族界限，为更多民众所了解和欣赏；另一方面，交流也促使民族文化在比较中反思自身不足，在借鉴中实现创新发展。这种文化的交融有利于巩固民族文化认同的基础。最后，文化交流有助于在不同民族文化中提炼共同价值，增强国家认同。文化交流不仅让每个民族充分感受中华文化的博大精深，更使各族群众在交往中铸牢中华民族共同体意识。在交流过程中，不同民族文化相互借鉴、相互融合，逐渐形成了体现中华文化基本精神、为各民族普遍认同的价值体系。这些共有价值观念转而成为国家认同的思想基础和情感纽带。

同时，文化交流对于国家在民族文化事务中发挥引导作用也至关重要。国家通过组织、支持各类跨民族文化交流活动，一方面可以引导民族文化认同与国家认同的良性互动；另一方面也有利于在尊重民族特色的基础上，实现社会主义核心价值观在各民族中的有效传播。国家还可以通过文化交流搭建沟通协商平台，化解可能出现的民族文化矛盾，为民族文化在国家语境下和谐发展提供制度保障。

三、文化交流对社会创新的推动

（一）创新理念的跨文化传播

创新理念的跨文化传播有利于不同文明之间的互鉴与借鉴。每一种文化都有其独特的价值理念和思维方式，蕴含着丰富的创新资源。通过跨文化交流，不同文明的创新思想得以相互碰撞、融合，激发新的创造性火花。这种思想的交融不仅能够拓宽人们的视野，开阔思维空间，还能为解决全人类共同面临的问题提供更多可能的路径。

创新理念在跨文化传播过程中还能够推动文化的互鉴与再创造。一个民族文化的发展离不开其他文明的滋养，优秀的创新思想在传播过程中往往能够焕发新的生命力。通过对异质文化中先进理念的吸收和转化，本土文化也能获得创新发展的原动力。许多伟大的科学发现和技术突破，正是在不同知识传统交汇碰撞中产生的。这种跨文化创新不仅推动了人类科技的进步，也丰富了世界文明的内涵。

此外，创新理念在跨文化传播中还应注重社会效益与商业利益的平衡。一些先进的科学技术成果在全球推广过程中，可能会因商业利益的驱动而偏离其初衷，甚至造成新的社会问题。这就需要国际社会共同努力，在推动创新成果共享过程中，兼顾发展中国家的利益诉求，推动创新资源的合理配置，让创新发展成果惠及全人类。

创新理念的跨文化传播对于可持续发展具有重要意义。全球性挑战需要各国携手应对，需要不同文明在创新实践中携手并进。生态文明理念、绿色发展理念等先进思想正在全球范围内产生越来越广泛的影响，推动着人类社会走向更加清洁、低碳、可持续的未来。这些理念的成功传播彰显了文明交流互鉴的力量，为应对全球性挑战提供了宝贵的精神资源。

（二）开放性文化环境对创新的促进

从个体层面来看，开放性文化环境有助于塑造创新型人才的成长路径。在鼓励自由探索、勇于质疑的文化氛围中，每个人都能够充分发挥自身的创造力，突破固有的思维定式，提出独特的见解和创意。这种环境不仅能够最大限度地调动个体的积极性和主动性，更能够帮助其养成批判性思维和创新意识，为未来的创新实践奠定坚实基础。同时，通过与他人的交流互鉴，创新者还能够不断完善自己的知识结构，提升创新能力，最终实现自我价值的升华。

从组织层面来看，营造开放性文化环境是企业、高校等创新主体的必然选择。在全球化的时代背景下，开放、共享已经成为创新活动的基本特征。任何一个组织如果封闭自我、故步自封，就难以紧跟时代发展的步伐，更谈不上在激烈的市场竞争中占据优势地位。因此，越来越多的组织开始注重内部文化环境的构建，通过打造扁平化的组织结构、鼓励自下而上的创意提出、搭建多元化的交流平台等举措，为员工创新提供广阔的舞台和充足的资源支持，不断增强组织的创新动力和创新实力。

从社会层面来看，营造开放性文化环境已经成为推动创新型国家建设的重要路径。纵观世界各国的发展历程可以发现，一个国家的创新能力与其文化环境密切相关。因此，许多国家都将文化环境的优化作为促进创新发展的重要抓手，通过健全法律法规、完善政策制度、加强知识产权保护等系列举措，为科技创新、文化创意等活动营造了良好的制度环境和社会环境，充分释放全社会的创新活力，不断增强国家创新力和国际竞争力。

（三）文化交流在促进科技创新中的作用

从知识层面来看，文化交流有助于拓宽科学家的知识视野。不同文化蕴含着独特的思维方式和认知模式，当科学家置身于异文化环境中，他们能够接触到全新的概念、理论和方法，这些宝贵的知识财富能够填补自身认知的盲区，为探索未知领域提供崭新的思路。同时，文化交流还能促进不同学科之间的融合与渗透。现代科学技术的发展已经突破了传统学科的界限，许多重大科技创新都是在学科交叉融合中产生的。而文化交流恰恰能够搭建起不同学科之间沟通的桥梁，让来自不同领域的科学家聚集在一起，碰撞出创新的火花。

从能力层面来看，文化交流能够锻炼科学家的跨文化交际能力和适应能力。科技创新往往需要通过国际合作来实现，这就要求科学家具备良好的跨文化沟通技巧和快速适应异文化环境的能力。通过积极参与国际学术交流，科学家能够在与不同文化背景的同行交流中提升语言表达能力，学会换位思考，增进相互理解。同时，在异国他乡生活和工作的经历也能磨砺科学家的意志品质，培养其不畏艰难、勇于开拓的创新精神。这些宝贵的能力和品格，都将成为科学家未来从事科技创新的重要助力。

从价值观层面来看，文化交流有利于塑造科学家的全球视野和人文情怀。科技创新绝非单纯的技术问题，它与社会发展、人类福祉息息相关。置身于不同文化语境中，科学家能够更加全面地认识人类社会的多样性，更加深刻地理解科技进步对于不同地区、不同群体的影响。这种广阔的全球视野和深厚的人文情怀，能够引导科学家在研究过程中始终坚持以人为本，致力于解决全人类共同面临的现实问题，推动科技成果惠及全球每一个角落。唯有如此，科技创新才能真正实现其服务人类、造福社会的根本价值。

此外，文化交流还能营造有利于科技创新的社会环境。一个民族、一个国家的创新力，很大程度上取决于其文化的开放包容程度。历史经验表明，越是善于吸收外来文化精华、兼收并蓄的民族，往往越是充满创新活力。通过频繁的文化交流，不同国家和地区能够相互学习，取长补短，在互鉴中完善本国的教育体系、科研机制和管理模式，为本土科技创新提供更加优越的土壤。同时，文化交流还能增进不同国家间的政治互信，缓解地缘冲突，营造和平、稳定、合作的国际环境。唯有在这样的大环境中，全球科技创新的大生态才能健康发展，人类命运共同体的美好愿景才能最终实现。

四、文化交流对社会融合的作用

（一）加速社会多元文化的融合

文化交流促进多元文化融合的过程，是一个渐进式、互动式的过程。在这一过程中，不同文化之间既有差异、矛盾和冲突，也有共通、理解和包容。文化交流的目的，不是消除文化差异，而是在承认差异的基础上，通过平等对话、互学互鉴，寻求不同文化之间的共识和契合点，从而实现多元文化的和谐共生。这种多元文化的融合，不是简单的文化同化或被同化，而是在动态交流中实现不同文化的共同发展和进步。

文化交流对于推动社会多元文化融合具有重要意义。首先，文化交流有助于增进不同文化群体之间的了解和理解。通过交流，人们能够更全面、更客观地认识其他文化，消除偏见和成见，树立文化自信。其次，文化交流能够促进不同文化优势互补、取长补短。每一种文化都有其独特的价值和魅力，通过交流借鉴，不同文化能够吸收对方的优秀成果，弥补自身的不足，实现共同进步。再次，文化交流为多元文化在相互尊重的基础上实现融合提供了平台。在交流中，不同文化能够平等对话、求同存异，在相互包容中实现和谐共处，最终形成多元一体、和而不同的文化格局。

此外，文化交流还有利于提升社会文化创新力。多元文化的交流碰撞，常常能够产生创新的思想火花，催生新的文化形式和内容。这种创新不仅体现在文化产品的生产上，更体现在文化生活方式、文化价值理念等方面。文化创新能够为社会发展注入新的活力，推动社会进步。

（二）文化多样性对社会稳定的正面作用

从社会认同的角度来看，文化多样性有利于增进不同群体之间的理解和沟通。每一种文化都有其独特的价值观念、行为方式和审美情趣，代表着一个群体的集体记忆和精神家园。当不同文化和谐共处时，人们能够跨越隔阂，相互欣赏，求同存异。通过平等的文化交流，个体可以更全面地认识自我，也能够更深入地理解他者。这种相互理解和包容，是构建社会认同、增强社会凝聚力的重要基础。

从社会创新的角度来看，文化多样性是推动社会进步的不竭动力。一个充满活力的社会，往往呈现出多元文化共生的景象。不同文化之间的交流互鉴，会产生思想的碰撞和观念的更新，激发出巨大的创新潜能。历史已经证明，许多伟大的发明创造，都源自不同文化背景的人们跨界合作，优势互补。可以说，文化多样性提供了一个包容差异、鼓励创新的社会环境，为社会的可持续发展注入了源源不断的活力。

从社会管理的角度来看，尊重和维护文化多样性，是实现社会良性治理的必由之路。在多元文化并存的社会中，不同群体往往有着不同的利益诉求和价值追求。如果缺乏包容性的文化政策，一味强调单一文化的主导地位，就容易滋生矛盾冲突，损害社会和谐稳定。反之，若能建立体现公平正义的文化治理机制，鼓励多元文化平等对话、交流融合，就能最大限度地化解分歧，凝聚共识，实现社会的长治久安。

此外，文化多样性还有助于增强一个国家和民族的文化软实力。在全球化时代，文化已经成为综合国力竞争的重要领域。拥有多元包容的文化生态，能够吸引更多的文化资源，提升国家的文化感召力和影响力。同时，文化多样性也让世界看到一个国家的开放与自信，树立了良好的国际形象。

（三）缓解文化冲突促进社会和平

通过深入的文化交流，个体能够加深对异质文化的了解和认同。交流过程中，人们以开放包容的心态去倾听、去感受，尝试从对方的视角审视问题，从而消除偏见和成见，架起心灵沟通的桥梁。这种换位思考有助于个体反思自身文化的局限，学习借鉴其他文化的优秀成果，在碰撞交融中实现文明互鉴。正如跨文化心理学家约翰·贝里所言，只有在平等对话的基础上求同存异、兼收并蓄，才能实现文化的和谐共生。

文化交流还能唤起人们对人类共同命运的觉醒。通过沟通与交往，个体逐渐意识到，尽管文化存在差异，但人性的本质是相通的。我们都珍爱和平、追求幸福，都希望后代能生活在一个更加美好的世界。这种“大我”意识能唤起人们对文明冲突的反思，激发其以理性、包容的态度去化解矛盾，共同维护人类福祉。

此外，文化交流还是推动社会创新的重要途径。在交流互鉴中，不同知识、技能、理念得以汇聚，催生出新的思想火花。这些创新成果不仅能提升社会的文明程度，更能为解决现实问题提供智慧和方法。以中西医结合为例，它既是不同医学体系交流碰撞的结果，也是化解医疗资源短缺、满足多元化就医需求的有效尝试。类似的跨文化融合创新，在教育、科技等诸多领域正不断涌现，为社会和谐进步注入了新的活力。

文化交流的方式多种多样，远超出一般认知中的人员往来。广义的文化交流还包括通过文学、艺术、影视等方式进行的间接交流。这些人文产品跨越时空界限，将不同地域的风土人情、历史变迁呈现在世人面前，唤起人们对文明多样性的尊重，对人类命运共同体的认同。从这个角度而言，文化交流的触角无处不在，它润物无声地影响着每一个人，塑造着更加开明、包容的社会风尚。

第三章　传统媒介与文化交流

第一节　印刷媒介中的文化交流

一、印刷媒介的历史发展与文化传播

（一）古代印刷术的兴起

最初的雕版印刷虽然工艺简单，却为大规模复制文字信息提供了可能。工匠们先在木板上雕刻文字，再涂抹油墨，将纸张覆于其上，用力摩擦，便可得到清晰的印本。这种印刷方式虽然效率不高，但对于传播经典著作和宗教典籍发挥了重要作用。

随着时代的发展，人们对印刷效率和印刷品质提出了更高的要求。活字印刷术应运而生，它采用单独雕刻的文字模块进行排版，灵活性和效率大大提高。活字字模可以重复使用，排版也更加美观，这种革命性的技术极大地推动了知识的普及和文化的繁荣。在中国古代，雕版印刷和活字印刷就已得到了广泛应用。

唐代的雕版印刷已经相当成熟，印制的典籍品类丰富，装帧样式多样。而北宋毕昇发明的泥活字印刷，更是将印刷术推向了新的高度。他创制的字模制作工艺先进，排版方式灵活，为后世活字印刷奠定了基础。古代的印刷术虽然还不够完善，其意义却是非凡的。它打破了知识垄断的藩篱，让更多平民百姓有机会接受教育，推动了社会的进步。同时，印刷术也促进了不同地域文化的交流，加快了文明的传播速度。印刷品的流通，让偏远地区的人们也能够开阔眼界，了解到更广阔的世界。

（二）近现代印刷技术的跨越

随着铅字印刷、平版印刷、胶印等技术的相继问世和广泛应用，印刷媒介实现了从手工作坊到机械化大生产的跨越式发展，极大地提高了信息传播的效率和广度。一方面，先进的印刷技术使得图书、报刊等印刷品的产量大幅提升，

成本显著降低，这为知识的普及和文化的传播奠定了物质基础。另一方面，印刷媒介的视觉表现力也随之提高，插图、彩色印刷的运用，使得印刷品兼具了知识性和艺术性，对于吸引读者、传播文化产生了积极影响。

更为重要的是，近现代印刷技术的发展还引发了人们传播观念和阅读方式的变革。印刷媒介突破了手抄本时代知识传播的时空限制，使得信息能够快速、广泛地传递。这不仅推动了文化交流的频率和广度，也为启蒙思想的传播创造了条件。同时，印刷书籍摆脱了传统私家藏书楼的束缚，走向普通大众，形成了新的阅读习惯和社交方式。从这个意义上说，近现代印刷技术的发展是人类文明进步的重要标志，它所引发的文化传播变革具有深远的社会意义。

（三）印刷媒介对信息普及和教育的贡献

从知识普及的角度来看，印刷媒介极大地扩大了信息的受众范围。在印刷术出现之前，知识的传播主要依靠手抄本和口耳相传，其传播速度缓慢，覆盖面有限。而印刷媒介的出现，使知识的复制和传播变得更加高效和广泛。通过印刷书籍、报刊等，人们可以更便捷地获取各领域的知识，满足了不同群体的阅读需求。特别是随着平价书籍的出现，知识不再是精英阶层的专属，普通大众也能够通过阅读来开阔视野、提升自我。印刷媒介的普及，为知识的大众化传播奠定了坚实的基础。

从教育发展的视角来看，印刷媒介为教育的现代化进程提供了重要支撑。教科书是学校教育中最基本、最重要的教学资源，而印刷媒介的出现，使教科书的编写、出版和发行变得更加规范和高效。统一、规范的教科书，不仅有利于保证教学内容的系统性和连贯性，更能够促进教育资源的均衡配置。通过印刷教材，偏远地区的学生也能与发达地区的学生共享优质的教育资源，在一定程度上缩小了教育鸿沟。此外，印刷媒介还促进了教学方式的变革。借助印刷的讲义、习题集等，教师可以更好地组织课堂教学，学生也能够通过课后阅读来巩固和拓展知识。印刷媒介与教育的结合，极大地提升了教学效率和教育质量。

二、印刷媒介在不同文化中的应用

（一）文艺复兴时期印刷媒介的角色

印刷媒介促进了人文主义思想的传播和古典文化的复兴。文艺复兴时期的思想家们重新发掘并研究古希腊罗马的典籍，这些典籍得以通过印刷媒介广泛传播，为人文主义思想的兴起奠定了基础。印刷书籍使得更多人能够接触到古典文化的精髓，重新审视人的价值和尊严，推动了思想解放和个性张扬。

同时，印刷媒介也成为文艺复兴时期文化交流的重要载体。不同地域的作家、艺术家通过印刷书籍分享彼此的创作理念和艺术风格，促进了文化的交融与创新。文艺复兴时期涌现出众多杰出的文学、艺术、哲学著作，这些著作得以通过印刷媒介跨越时空的限制，影响后世，成为人类智慧的瑰宝。

此外，印刷媒介还推动了知识的普及和教育的发展。印刷书籍的广泛传播使得知识不再是少数人的专利，平民百姓也有机会接受教育，提升自身的文化素养。许多大学和图书馆也因此建立，为知识的传承和文明的进步提供了重要平台。

（二）不同地域文化中印刷媒介的差异

从语言层面来看，印刷媒介使用的语言种类繁多，既有通行全国的“普通话”，也有地方方言土语。不同的语言承载着各地域的历史记忆和文化精髓，蕴含着独特的表达方式和修辞手法。印刷媒介通过灵活运用这些语言，传递出鲜明的地域特色和文化内涵。

1．文字

汉字作为我国使用历史最悠久、分布最广泛的文字，在各地印刷媒介中占据主导地位。但不同地区的汉字又呈现出形体、字义、用法等方面的差异。这些差异性文字的运用，彰显了我国文字资源的多样性和包容性。同时，地域性文字的传承，也有助于保护和发展少数民族优秀传统文化。

2．表现形式

不同地域文化背景下的印刷媒介呈现出视觉风格和审美取向的差异。例如，苏州版画以细腻精巧见长，敦煌石窟印本经卷则体现出厚重博大的意境。这些地域性艺术形式的运用，既丰富了印刷媒介的表现手法，又传承和弘扬了中华优秀传统文化。印刷媒介对于地域文化的传播和交流，发挥着不可替代的作用。一方面，印刷媒介为地域文化的保存、传承提供了物质载体，使优秀的地域文化遗产得以跨时空流传。古老的字帖、地方志书、民间版画等印刷品，都是中华文明宝库中的瑰宝。另一方面，印刷媒介成为不同地域文化交流互鉴的桥梁。通过印刷品的流通，不同地区的人们得以了解彼此的风俗习惯、思想观念，促进了中华民族多元一体格局的形成。

在全球化时代，印刷媒介与不同地域文化的关系更加紧密。一方面，印刷媒介借助现代传播技术，加速了地域文化的传播和交流；另一方面，印刷媒介面临着如何在传播过程中，保持和彰显地域文化特色的挑战。因此，在传承创新中找到平衡，既要让优秀地域文化通过印刷媒介走向更广阔的天地，又要在融合发展中坚守文化根基，这是新时期印刷媒介与地域文化共生共荣需要探索的重要课题。

（三）当代多元文化背景下的印刷媒介发展

文化多样性促进了印刷媒介内容的丰富和创新。不同文化背景的作者和读者为印刷媒介注入了新的思想和视角，促进了跨文化交流与融合。出版机构通过引进和翻译不同国家和地区的优秀作品，为读者提供了更加多元化的阅读选择。同时，数字化技术的发展也为印刷媒介的传播和接受提供了新的平台和途径，使得不同文化背景的读者能够更便捷地获取和分享信息。

文化多元化也对印刷媒介提出了新的要求和挑战。首先，如何在尊重文化差异的同时，找到不同文化之间的共通点和对话空间，是印刷媒介需要思考和探索的问题。这需要出版机构和作者具备跨文化理解和沟通的能力，能够站在不同文化的视角上，审视和反思自身的文化立场和价值观念。其次，在全球化背景下，印刷媒介面临着来自其他文化的冲击和挑战。一些国家凭借其强大的经济实力和传播优势，对弱势文化形成了一定的压制和同化。印刷媒介如何在这种不平等的文化格局中，维护本民族文化的独特性和多样性，是一个亟待解决的问题。

此外，印刷媒介还需要应对数字化带来的冲击和挑战。数字阅读方式的普及，对传统纸质印刷媒介形成了较大的冲击。越来越多的读者转向电子书、数字期刊等新型阅读载体，这对印刷媒介的生存和发展提出了严峻挑战。印刷媒介需要积极拥抱数字化，探索纸质媒介与数字媒介融合发展的新路径。同时，印刷媒介还要加强自身的内容建设，提供高质量、独特性的内容产品，吸引读者的注意力。只有不断创新、与时俱进，印刷媒介才能在数字时代焕发新的生机与活力。

三、印刷媒介对文化认同的影响

（一）印刷媒介在民族文化保存中的作用

以汉字为例，它不仅是记录汉民族语言的工具，更蕴含着中华民族的思维方式、审美情趣和价值追求。正是通过竹简、帛书、纸张等印刷媒介，汉字才得以保存和传承，成为中华文明赓续五千年而不断的文化基因。一部《说文解字》，字里行间都浸润着先人的智慧结晶和哲思精华，至今仍在塑造国人的文化心理和民族个性。类似地，其他民族的文字符号也通过印刷媒介发挥着文化承载的功能，维系着本民族的精神家园。

印刷媒介之所以能够起到确立文化认同的作用，还在于它对民族典籍的保存和传播。在漫长的历史长河中，每个民族都积累了大量优秀的典籍文献，涵盖哲学、历史、文学等多个领域，体现了本民族的文化个性和智慧结晶。而印刷媒介则为这些典籍的流传提供了物质载体。以中国古代的四库全书、二十四史为例，它们因为雕版印刷技术而得以保存至今，成为中华民族文化认同的重要标识。在当代，各民族也都十分重视用本民族语言文字出版具有民族特色的图书资料，以增强民众对本民族文化的认同感。可见，典籍传承与文化认同，印刷媒介都起着关键作用。

印刷媒介对民族文化符号和民族典籍的传播，极大地丰富了民众的知识体系和精神生活，增强了文化自信和民族自豪感。尤其是在民族危难之际，那些承载着民族精神、民族气节的印刷品往往成为民众精神的寄托，激发起爱国热情和民族自强意识。在抗日战争时期，就出现了大量用文字和图像宣传民族文化、振奋民族精神的报刊、书籍，成为全民族抗战的精神动力。由此可见，印刷媒介不仅传承了民族的物质文化遗产，而且塑造了民族的精神气质，是民族文化得以发扬光大、生生不息的重要推手。

（二）印刷媒介传播中的文化同化与差异

以中国古代的雕版印刷为例，这一技术在传入日本、朝鲜等东亚国家后，都经历了一个本土化的过程。在这一过程中，印刷技术与当地固有的文化传统相结合，形成了别具一格的印刷文化。日本的和本就是一个典型代表，它在形制、装帧、用纸等方面都体现出浓郁的日本美学特色，与中国的线装书存在明显差异。这种差异一方面源于两国文化心理和审美情趣的不同，另一方面与日本独特的社会环境和需求相关。由此可见，印刷媒介在跨文化传播中，往往会与本土文化发生复杂的互动，从而呈现出多元化的面貌。

再如，欧洲的活字印刷术，尽管它最初起源于中国，但在传入欧洲后却催生了一场深刻的文化变革。欧洲的印刷商在实践中不断改良活字印刷技术，并将其与铜版画、木刻画等艺术形式相结合，创造出极具欧洲特色的印刷品。这些印刷品不仅在内容上体现了欧洲人文主义思想，在版式设计上也彰显了欧洲文艺复兴时期的艺术风格。活字印刷术在欧洲的传播，既促进了知识的普及和文化的繁荣，也深刻影响了欧洲社会的方方面面。由此可见，同一项印刷技术在不同文化语境下，其传播效果和社会影响可能大不相同。

随着全球化进程的加快，不同地域、不同民族之间的文化交流日益频繁，印刷媒介在其中发挥着重要的桥梁作用。一些跨国出版机构的兴起，使得图书、期刊等印刷品能够更加便捷地跨越国界，传播到世界各地。在这一过程中，不同文化之间的差异正在逐步缩小，一种全球化的、同质化的印刷文化正在形成。这种趋同化现象虽然有利于文化交流，但也可能削弱文化多样性，导致某些民族特色的消解。

（三）印刷媒介与现代社会认同感的建构

印刷媒介通过传播共同的价值观念、行为规范和文化符号，为人们提供了一个共享的意义世界。在这个意义世界中，个体能够找到归属感，形成对特定群体的认同。例如，报纸、杂志等印刷媒介通过报道国家大事、弘扬民族精神，增强了人们的国家认同感。当人们阅读描绘民族历史、歌颂民族英雄的文章时，爱国主义情感被唤醒，民族自豪感油然而生。同时，地方性报刊则通过刊发本地新闻、展示地方风貌，强化了人们对家乡的依恋之情，促进了地域认同感的形成。

此外，印刷媒介还通过传递特定群体的价值理念、生活方式，建构起群体认同。行业杂志、社团刊物等针对特定人群的印刷媒介，为群体成员搭建了交流平台，使其产生“他者”意识，增强对群体的归属感。以学术期刊为例，它聚集了某些学科领域的研究者，通过发表学术成果、引领学术话语，塑造了学者群体的身份认同。而边缘群体则借助“同质”印刷媒介，表达自我诉求，争取社会尊重，维系群体认同。

印刷媒介还以其独特方式参与公共话语的建构，影响着主流价值观和社会共识的形成。权威性报刊通过议程设置，引导社会舆论，形塑公众对某一议题的认知和态度。这种话语权的行使，有助于凝聚社会共识，化解分歧和对立，最终形成社会整体的认同感。尤其在重大事件、敏感问题上，印刷媒介往往承担着引导舆论、凝聚人心的重任，在维系社会认同、促进社会团结等方面发挥着不可替代的作用。

印刷媒介在建构认同感的同时，也可能加剧群体分化。当不同立场的媒体发出截然对立的声音，偏见和对抗情绪在群体间蔓延，社会认同感就面临重大挑战。因此，如何协调不同声音，构建包容、理性的传播生态，是摆在印刷媒介面前的时代命题。

四、印刷媒介与跨文化交流的互动

（一）印刷媒介作为跨文化对话的桥梁

印刷媒介对于增进不同文化之间的理解具有独特优势。相较于口头交流，印刷品能够更加准确、完整地记录和呈现一个民族的文化特质。文字的定型化使文化内涵得以固化下来，减少了传播过程中的讹误和变形。同时，印刷媒介还能通过图像、色彩等视觉元素生动地再现异域风情，使读者身临其境地感受不同文化的魅力。

印刷媒介还为不同文化之间的交流提供了广阔平台。随着印刷技术的进步，印刷品的种类日益丰富，涵盖了文学、艺术、科学等多个领域。这些印刷品犹如文化使者，将本民族的优秀成果、先进理念传播到世界各地，推动了文明的交流与融合。同时，印刷媒介也成为不同文化互鉴、吸收的重要渠道。一个民族在吸收外来文化精华的过程中，能够不断充实、完善自身的文化体系。

此外，印刷媒介在促进文化认同、增强民族自信方面也发挥着重要作用。民族文化的传承离不开文字载体，而印刷品恰恰是保存和弘扬民族文化的重要手段。通过出版民族语言文字的印刷品，能够增强民族文化的影响力，提升本民族的文化自信。而阅读他国的优秀印刷品，则有助于加深对多元文化的尊重和包容。

然而，我们也应看到，印刷媒介在跨文化交流中仍然面临着挑战。受词汇表达、文化背景等因素的影响，不同语言的印刷品在翻译过程中难免会出现偏差，影响读者对原文化的理解。同时，印刷品的传播也可能加剧文化冲突，引发价值观的碰撞。这就需要我们在跨文化交流中秉持开放、平等、尊重的态度，加强文化互鉴，寻求共识。

（二）危机与机遇

印刷技术的发展和普及为跨文化传播提供了更为广阔的平台。通过书籍、报刊等载体，不同地域、不同民族的思想文化得以跨越时空的限制，实现广泛传播和交流。在这一过程中，印刷媒介充当着文化桥梁的角色，促进了文明的交融与共荣。然而，由于不同文化背景下价值观念、审美情趣的差异，印刷媒介中也难免出现文化冲突和碰撞。

这种文化冲突首先体现在传统与现代的矛盾之中。在全球化浪潮的冲击下，西方文化通过印刷媒介大举进入东方社会，对本土传统文化形成了强大的冲击和挑战。一些学者批判，这种“文化入侵”对民族文化的多样性构成威胁，导致文化趋同和身份认同的迷失。与此同时，东方国家也通过印刷媒介向西方世界传播本民族的优秀文化，力图在现代化进程中彰显自身的文化特色。这种传统与现代的对话与交锋，反映了不同文化在印刷媒介中的博弈与互动。

文化冲突还表现为不同意识形态和价值观念的对抗。印刷媒介作为意识形态传播的重要阵地，往往充斥着不同社会制度、政治主张的交锋。此外，在全球范围内，印刷媒介也成为不同价值观念交锋的场域。

（三）印刷媒介在全球化背景下的适应与挑战

面对这种困境与机遇并存的局面，印刷媒介必须主动作为，积极适应时代发展的要求。首要任务是加快数字化转型的步伐，探索印刷媒介与数字技术深度融合的新模式。传统出版社可以利用大数据、人工智能等先进技术，优化内容生产流程，提升运营效率和用户体验。同时，还要发展融媒体出版，将优质内容跨平台、多渠道传播，实现纸质出版与数字出版的协同发展。

印刷媒介要着力提升内容质量，打造精品出版工程。在信息过载的时代，用户对优质内容的需求越来越强烈。印刷媒介要立足自身优势，精心策划选题，严格把关内容，为读者奉献思想性、知识性、艺术性俱佳的精神食粮。要重视版权保护和品牌塑造，以高质量的内容和服务赢得用户的信任和青睐。只有不断提升自身竞争力，印刷媒介才能在激烈的市场角逐中立于不败之地。

印刷媒介要积极参与全球化竞争与合作，加强国际传播能力建设。在全球化时代，文化软实力已经成为综合国力竞争的重要方面。印刷媒介作为文化传播的重要载体，理应肩负起弘扬中华文化、讲好中国故事的使命担当。要加大优秀出版物的国际推广力度，通过版权输出、合作出版等方式，将中华文化的影响力扩散到世界各地。同时，也要学习借鉴国外先进的出版理念和经验，提升国际竞争力和话语权。

印刷媒介还要重视人才队伍建设和创新机制优化。全媒体时代对新闻出版人才提出了更高要求，既要精通传统新闻出版流程，又要掌握新媒体技术。新闻出版单位要加大人才的培养和引进力度，建设一支高素质、复合型的新闻出版人才队伍。要完善激励机制，鼓励创新创造，激发团队活力。只有锻造一流的人才队伍，建立科学的创新机制，印刷媒介才能焕发新的生机与活力。

五、印刷媒介在教育中的文化传播作用

（一）教科书中的文化传播

教科书中的文化传播首先体现在知识内容的选择和呈现上。每一本教科书都是经过精心编选和设计的，其中所包含的知识点、案例、练习题等，无不饱含着编者的文化视角和价值判断。通过对教材内容的解读和分析，学生不仅能够掌握学科知识，更能感受到传统文化的魅力，体会到民族精神的内核。例如，语文教科书中选录的古诗文篇章，既展现了中华文化的博大精深，又传递出忠孝仁义、自强不息等传统美德；历史教科书对历史事件和人物的评价，体现了一个民族对自身历史的认知和反思。这些都是教科书传播文化价值的生动体现。

教科书中的文化传播还表现在对教学方式的引导和塑造上。不同文化背景下的教学模式往往呈现出迥异的特点。比如，西方教科书注重培养学生的批判性思维和创新能力，强调师生之间的平等互动；而东方教科书则更看重知识的系统性和逻辑性，突出教师的权威地位。这些差异折射出不同文化圈对教育的理念和期许。同时，教科书也在潜移默化中影响着教师的教学方式和学生的学习习惯。优秀的教科书能够为教学实践提供科学指引，激发学生的学习兴趣，培养学生的核心素养。

此外，教科书还是传播多元文化、促进文化交流的重要载体。在全球化背景下，不同国家和地区的教科书都在努力展现本民族文化的独特魅力，同时又积极吸收借鉴他国优秀文化成果。通过教科书的互鉴和交流，学生能够开阔视

野，增进对不同文化的了解和认同，树立人类命运共同体意识。一些国际合作编写的教科书，更是多元文化碰撞交融的成果，为学生提供了通向世界的窗口。

（二）印刷媒介对教育平等的贡献

从知识传播的角度来看，印刷媒介打破了知识垄断的藩篱，使得各种思想、文化和科学成果能够跨越时空，触达更广泛的受众群体。通过书籍、报刊等印刷品，偏远地区的民众也能接触到最新的知识和信息，从而拓宽视野，启迪思想。印刷媒介还促进了不同文化之间的交流互鉴，使得优秀的文化成果能够跨越国界，惠及全人类。同时，印刷媒介也为弱势群体接受教育创造了条件。例如，印刷品的价格下降使得贫困家庭的子女也有机会通过阅读来学习知识，改变命运。

从教育资源共享的视角来看，印刷媒介在推动教育公平、缩小教育差距等方面发挥了重要作用。古代的私塾和官学教育主要服务于社会上层，而印刷媒介的普及使得平民百姓也有机会接受教育，学习文化知识。尤其是教科书的印刷和推广，为建立现代学校教育体系奠定了基础。统一的教材有助于保证教学质量，为不同地区、不同学校的学生提供相对均等的教育资源。此外，印刷媒介还为开展成人教育、扫盲运动等提供了有力支持，使得教育惠及更多社会成员。

（三）教育改革与印刷媒介

印刷媒介与数字技术的融合，为教育教学注入了新的活力。一方面，数字化使优质教育资源得以广泛共享，打破了时空限制，极大地拓展了学生的学习空间。学生可以利用数字平台，随时随地获取丰富的学习资料，与来自不同地区、不同文化背景的学习者交流互动，开阔视野、启发思维。另一方面，数字技术为印刷媒介的呈现方式带来了革命性变革。电子书、互动教材等新型载体层出不穷，将文字、图像、音视频等多种表现形式巧妙融合，营造出身临其境的学习体验，激发学生的学习兴趣。智能技术的应用，更是赋予了印刷媒介以“千人千面”的个性化特征。学习系统可以根据学生的学习习惯、认知特点，自动推送个性化的学习内容，提供针对性的学习指导，实现因材施教。

然而，在印刷媒介数字化转型的过程中，也面临着诸多挑战。首先，数字鸿沟的存在导致教育资源分配不均。其次，师生对数字技术的应用能力参差不齐，影响了教学效果。部分教师不善于利用数字工具开展教学活动，难以充分发挥数字资源的优势；部分学生缺乏自主学习能力，在数字环境下容易迷失方向，影响学习成效。此外，数字化也带来了新的伦理问题，如知识产权保护、个人隐私安全等，亟须加以重视和规范。

面对机遇和挑战，推进印刷媒介数字化转型需要多方协同努力。首先，政府应加大投入，完善数字教育基础设施，缩小区域、城乡数字鸿沟，为师生创设公平的数字学习环境。其次，学校应转变教育理念，优化课程设置，将信息技术与学科教学深度融合，鼓励教师创新教学方法，提高数字化教学能力。最后，加强师生信息素养培养，提升其甄别、利用数字信息的能力，引导其规范使用数字资源，提高学习效率。同时，建立健全相关法律法规，加强知识产权保护，维护数字环境下各方主体的合法权益。

第二节　广播媒介中的文化交流

一、广播节目的文化传播功能

（一）促进文化多元共融

广播节目能够以声音为载体，将一个地区独特的文化符号、价值观念传递给异地的受众。当人们收听来自不同文化的音乐、故事、脱口秀等内容时，无形中便开启了一场跨文化之旅。这种声音穿越时空的魅力，使得地理上相距遥远的人们在精神层面产生共鸣与链接，对彼此的生活方式和思维模式有了更为直观的感知。久而久之，文化差异带来的陌生感和距离感便被渐渐拉近，多元文化在欣赏和碰撞中实现了共融。

广播节目可以通过对不同文化的介绍和解读，帮助听众跨越文化隔阂，建立起换位思考和包容理解的意识。许多广播节目专门设置了文化类栏目，邀请不同国家和民族的嘉宾分享他们的文化体验，用听众易于接受的方式阐释他们的传统习俗、审美情趣乃至价值追求。这种面对面的文化对话，一方面加深了受众对异质文化的认知，另一方面启发人们反思自身的文化定位，从而增进不同文化间的理解与包容。

广播还可以搭建多元文化交流的平台，为不同文化背景的群体提供沟通和互动的机会。一些广播节目鼓励听众参与讨论，分享自己独特的文化见解和生活感悟。在这样的交流互动中，不同文化的声音得以平等表达，文化身份得到尊重和认可。而聆听他人的观点，也让人们学会从多元视角看待问题，丰富了文化认知的维度。由此，广播不仅成为多元文化展示的窗口，更成为文化交融与创新的沃土。

广播对推动文化多元共融的贡献离不开其声音传播的特性。有别于文字媒体的抽象和电视媒体的直观，广播声音传播具有想象空间大、感染力强的特点。人们在收听过程中，脑海里自然生成与声音、内容相匹配的画面和情感。这种参与式的接受方式，无疑加深了受众对传播内容的理解和认同。同时，声音所蕴含的情感力量，也令文化交流更显亲切与温度。正是在声音的润物无声中，文化的差异被悄然抚平，多元的文化元素实现了和谐共生。

（二）增强文化意识与认同

广播可以通过多种形式呈现本土文化的魅力。例如，以地方戏曲、民歌、曲艺等为主要内容的专题节目，能够展示当地独特的艺术形式和审美情趣；围绕地域文化符号、非物质文化遗产等策划的系列报道，则可以挖掘和弘扬当地的文化瑰宝。一些富有地方特色的广播剧、脱口秀节目，也能以幽默风趣的方式展现本土文化的生活气息。

此外，广播还可以利用其互动性优势，搭建起文化传播与交流的平台。例如，开展听众参与的文化话题讨论，邀请文化名人、非遗传承人做客直播间，让受众在互动中加深对本土文化的认知；组织与地方文化相关的有奖竞答、知识问答等互动活动，调动受众参与的积极性，增进其文化自豪感。

广播对本土文化的传播，不仅有助于唤起人们的文化记忆，更能激发其情感共鸣。当人们在广播中重新认识和感悟自己生长的土地与文化时，便会油然而生一种归属感和认同感。这种文化情感的培育，对于促进社会和谐、维系民族凝聚力具有重要意义。

广播对本土文化的弘扬，也有利于增强文化自信，提升文化软实力。一个地区的文化魅力，很大程度上依赖于民众的文化自觉和文化认同。而广播正是唤醒这种文化自觉、凝聚文化认同的重要力量。当一个地区的民众以自己的文化为荣、以传承弘扬为己任时，本土文化就有了深厚的群众基础和生命力。

（三）促进文化教育与知识普及

广播节目内容丰富多样，涵盖文学、艺术、历史、科技等多个领域，满足了不同受众的学习需求。通过生动活泼的语言表达和声音传递，广播教育节目能够吸引听众注意力，激发其学习兴趣，使枯燥的知识变得鲜活起来。同时，广播媒介还能打破时空限制，将优质教育资源传播到偏远地区，为实现教育公平、缩小城乡差距发挥积极作用。

广播教育的普及性还体现在其受众群体的广泛性上。无论是老年人、残障人士，还是工作繁忙的白领，都能方便地接收广播信号，利用碎片化时间汲取知识。这种随时随地的学习方式，让广播教育深入人心，成为人们日常生活的重要组成部分。与电视等其他媒介相比，广播教育还具有制作成本低、覆盖面广的优势，是一种经济、高效的教育手段。尤其是在资源匮乏的贫困地区，广播往往是开展文化教育的首选媒介。通过广播，这些地区的民众也能接受优质教育，开阔视野，提升文化修养。

此外，广播教育节目还能发挥文化传承和价值引领的作用。一方面，广播能够传播中华优秀传统文化，弘扬民族精神，增强文化自信。通过解读经典著作、讲述历史故事、介绍民俗风情等，广播教育培养了受众的文化认同感和爱国情怀。另一方面，广播教育还能引导社会价值取向，传播主流意识形态。例如，广播公益广告能够宣传社会主义核心价值观，倡导文明健康的生活方式，在潜移默化中影响受众的思想观念和行为习惯。

需要指出的是，广播教育要实现良好效果，必须不断创新节目形式，优化内容设计。一成不变的说教式节目难以吸引当代受众，尤其是青少年群体。因此，广播教育节目应积极运用互动、故事、游戏等多种表现手法，增强趣味性和参与感。在内容选择上，要紧跟时代发展，关注社会热点，回应受众关切。只有不断提升节目质量，用心打造精品佳作，才能让广播教育在新媒体时代焕发勃勃生机。

二、广播语言与文化表达

（一）语言风格与地域文化关系

从地理区域来看，我国幅员辽阔，各地的自然环境、历史传统、风俗习惯差异显著。这种多样性必然反映在广播语言中，形成了独具特色的地域语言风格。例如，东北地区当地广播节目中不时听到东北方言，透露出东北人豪爽、直率的性格特点；四川广播语言幽默诙谐、巧妙机智，体现了四川人的乐观精神和智慧。这些地域语言风格为广播节目增添了鲜明的地方特色，吸引了众多听众。

从语音和语调的角度分析，不同地区的广播语言也各具韵味。广东地区的广播往往语速较快，声调高昂，给人以热情奔放之感；而北方地区的广播则语速相对较慢，声调平稳，给人以沉稳厚重之感。这种语音语调上的差异源自历史上不同地域人们的生活方式和性格特点，又通过广播这一现代传播媒介得以延续和发扬。

然而，地域语言风格在丰富广播节目内涵的同时，也对跨地域传播构成了一定障碍。部分地方语言过于浓郁，可能影响节目的可理解性，甚至产生误解。因此，广播主持人需要在保留地域特色的基础上，适当降低方言浓度，尽可能使用普通话，以扩大受众群体。同时，针对跨地域受众，主持人还应适时解释特定词语的含义，消除理解障碍。

值得一提的是，随着网络广播的兴起，地域语言风格在广播中的应用出现了新的可能。网络广播打破地理界限，为不同地域文化的交流提供了便利。借助网络平台，地方特色鲜明的广播节目有机会走向更广阔的天地，让更多人领略地域语言的独特魅力。与此同时，网络环境中多元文化的交织碰撞，也促使广播语言朝着更加包容、更加灵活的方向发展。

（二）方言与文化身份的传播

通过方言广播节目，听众能够感受到熟悉而亲切的语言魅力，进而产生强烈的文化归属感。当地方特色浓郁的方言在广播节目中回荡时，仿佛将听众带回了记忆深处的家乡，唤起了他们对本土文化的情感共鸣。这种情感共鸣超越了单纯的语言交流，在心灵深处建立起牢固的文化纽带。

方言广播节目还能够唤醒听众对本土文化的重新认识和珍视。伴随着现代化进程的推进，许多年青一代逐渐疏离甚至遗忘了传统的地域文化。而当他们在广播节目中重新听到充满乡土气息的方言时，往往会激发起对本土文化的好奇心和探索欲。这种文化觉醒有助于他们重新审视自己的文化根源，加深对地域传统的理解和认同。

此外，方言广播节目还是传播和弘扬地域文化的重要平台。通过生动有趣的节目形式，一些珍贵的民间故事、传说、歌谣等能够在更广泛的范围内得到传播和传承。这不仅丰富了广大听众的文化生活，也为地域文化注入了新的活力。许多优秀的方言节目甚至能够跨越地域，吸引更多人了解和欣赏不同地区的文化特色，促进文化交流和文明互鉴。

（三）语言的创新与文化交流

从广播节目的制作来看，语言的创新运用能够增强节目的表现力和感染力。主持人通过巧妙的语言组织，生动形象的比喻修辞，能够将枯燥的内容转化为引人入胜的故事，使受众更容易理解和接受。同时，新颖独特的语言风格也能够塑造主持人的个人魅力，吸引更多忠实听众。一些脍炙人口的广播节目往往与主持人鲜明的语言特色密不可分。

从文化交流的视角来看，语言的创新使用有助于打破文化壁垒，促进不同群体之间的相互理解。方言广播就是一个典型的例子。通过在广播中使用方言，不仅能够满足地方听众的文化认同需求，更能向其他地区的受众展示独特的地域文化。这种跨文化的语言交流，能够拉近不同地区听众的距离，增进彼此的了解和友谊。

语言变革还能够反映时代发展的脉搏，展现社会变迁的风貌。随着社会的发展，新事物、新概念层出不穷，广播语言也需要与时俱进，吸收新的语言元素，以适应时代的需求。许多网络流行语、新兴行业术语通过广播传播，迅速融入大众的日常语言，成为了解社会发展的一扇窗口。广播语言的更新迭代，见证了时代的变迁，也影响着社会文化的发展方向。

然而，语言的创新使用也需要把握分寸，避免出现过度娱乐化、庸俗化的倾向。一味追求新奇、哗众取宠，不仅会影响节目的品位和内涵，还可能导致语言的污染和异化。广播作为大众媒介，肩负着传播优秀文化、引领语言文明的重任。在创新的同时，也要坚持语言规范，弘扬优秀的传统文化，塑造良好的社会风尚。

三、广播音乐与文化认同

（一）音乐广播节目的文化传递

音乐本身就具有超越语言和文字的表达力，它以旋律、节奏、和声等元素直击人心，触动听众的情感。当一首优美的曲子在广播中流淌时，无论听众来自何方，都能感受到音乐的魅力。正是基于这种超越文化界限的特质，音乐广播节目为不同文化背景的听众搭建起沟通的桥梁。听众在欣赏音乐的过程中，不知不觉地接受了异域文化的熏陶，对不同地域的风土人情产生了兴趣。这种潜移默化的影响，正是音乐广播节目传递文化的独特方式。

音乐广播节目通过对不同文化音乐的介绍和解读，帮助听众深入理解各地域文化的内涵。一个地区的民族音乐往往体现了当地人民的生活方式、价值观念、审美情趣等，蕴含着丰富的文化信息。音乐广播节目可以通过讲解曲目的创作背景、演奏形式、歌词内容等，揭示隐藏在音符背后的文化密码，引导听众进一步探索不同文化的奥秘。比如，一档介绍中国少数民族音乐的广播节目，不仅能让听众欣赏到优美动听的民族歌曲，更能让他们了解各少数民族的风俗习惯、历史传统，从而加深对中华民族多元一体格局的认识。

音乐广播节目还能通过跨文化音乐的融合与创新，推动不同文化之间的交流碰撞。当今世界，文化交融已成大势所趋。许多音乐人通过将不同地域、不同流派的音乐元素糅合在一起，创造出别具一格的新型音乐作品。这些融合了多元文化特色的音乐，往往能引起不同文化背景听众的共鸣，成为沟通各地文化的纽带。音乐广播节目正是这种跨文化音乐创新成果的重要传播平台。通过播放融合了多元文化元素的音乐作品，广播节目能够展现文化交融的魅力，启发听众以更加开放、包容的心态看待不同文化，进而促进文化间的理解与欣赏。

（二）地域音乐在广播中的角色与功能

广播媒介能够将地域音乐推广到更广阔的受众群体中，突破地理空间的限制，实现文化的广泛传播。通过广播频道定期播放特定地域的民歌、戏曲、器乐等，听众可以在日常生活中便捷地接触到不同地区的音乐艺术，感受其独特的艺术魅力和文化内涵。这种传播方式有助于提高公众对地域音乐的认知度和欣赏水平，激发人们探索不同地域文化的兴趣，促进地域文化的推广和发展。

地域音乐在广播中的呈现也为不同文化之间的交流提供了桥梁。音乐作为一种超越语言的艺术形式，蕴含着丰富的情感表达和文化内涵。当不同地域的音乐通过广播频道传递到异地听众耳中时，能够引发听众对该地域文化的好奇与思考，加深对其历史传统、风土人情、价值观念等方面的理解。这种跨文化的音乐体验有助于消除偏见和隔阂，增进不同地域民众之间的相互了解和欣赏，推动文化交流与融合。

地域音乐广播还能在传承和创新中实现文化的可持续发展。许多地域音乐资源稀缺、后继乏人，面临着失传的危险。将其纳入广播节目，一方面可以通过高频率的播放强化公众记忆，延续其生命力；另一方面，广播媒介的传播也为地域音乐注入新的活力，吸引更多年青一代的关注和参与，带动相关产业发展，形成传承创新的良性循环。

地域音乐广播要真正发挥文化交流的功能，还需要注重几个关键环节。首先，在节目策划和制作方面，要精心遴选富有代表性和艺术性的音乐作品，提炼其文化内涵，设计饶富趣味、易于接受的呈现方式，而非简单的音频拼凑。其次，要加强音乐背景和欣赏知识的介绍，引导听众深入理解其中蕴含的文化精髓，提升节目的文化品位和教育意义。再次，要注重不同地域音乐的均衡呈现，突出文化多样性，避免过度偏重某一特定区域而忽视其他地域的文化表达。最后，还需创新传播渠道和互动方式，综合利用网络平台、社交媒体等新媒体工具，拓展地域音乐广播的影响力和受众群体，提升文化交流的广度和深度。

（三）音乐广播对青少年文化身份塑造的影响

音乐广播通过介绍多元音乐风格，开阔了青少年的音乐视野，培养其包容开放的文化心态。当代社会文化呈现多元化趋势，不同地域、民族、国家的音乐交相辉映，共同构成了人类灿烂的音乐文明。音乐广播打破了地域和语言的界限，将各种音乐形式汇聚一堂，使青少年充分感受音乐魅力，领略不同文化的独特内涵。在多元音乐的熏陶下，青少年逐渐学会用更加宽容、理性的态度看待文化差异，形成海纳百川的文化意识。这种开放包容的心态不仅有利于其音乐素养的提升，更为其未来步入多元社会奠定了必要的文化基础。

音乐广播以其鲜明的风格特色，在同质化的商业文化环境中彰显个性，吸引着追求独特性的青少年群体。相较于趋同的流行音乐，富有特色的音乐广播节目能够与青少年的个性化需求产生共鸣，满足其表达自我、展示个性的渴望。一些主题鲜明、风格独特的音乐广播频道逐渐成为青少年文化认同的象征，聚集起志趣相投、价值观念相近的同龄人。围绕音乐广播，青少年自发形成了网上网下的亚文化群体，频繁开展交流互动，分享彼此的音乐体验和生活感悟。在这种群体互动中，青少年获得了归属感和认同感，逐步确立起稳定的文化身份。可以说，凭借个性化的节目风格，音乐广播为青少年的身份认同搭建了重要平台。

优秀的音乐广播节目还注重引导青少年形成积极向上的价值追求，内化高尚的道德情操。富有艺术性和思想性的音乐作品往往蕴含着深刻的人文内涵，折射出特定的时代精神和价值诉求。音乐广播通过对优秀作品的深度解析和再创造，引导青少年思考人生、社会、自然等重大命题，逐步确立正确的世界观、人生观、价值观。同时，优秀的音乐广播主持人以其专业素养和人格魅力，成为青少年成长道路上的引路人。他们用饱含真情的解说、充满正能量的言语感染和鼓舞着青少年，塑造其高尚的审美情趣和道德品格。在潜移默化影响下，青少年的精神世界和价值追求逐渐提升，文化身份不断成熟、完善。

四、广播新闻与文化交流

（一）新闻报道中的文化观念传达

广播新闻报道是普及文化知识、传播先进文化的重要途径。通过对文化事件、文化现象的深度报道，广播新闻能够向公众介绍丰富多彩的文化形式和内容，拓宽其知识视野，激发其文化兴趣。同时，广播新闻还可以通过对文化背景、文化内涵的深入挖掘，帮助受众更加全面、系统地认识和理解不同的文化形态，提高其文化认知水平。例如，在报道非物质文化遗产时，记者不仅要介绍其表现形式和传承现状，更要揭示其背后的历史渊源、价值理念和人文精神，引导受众在了解和欣赏的过程中领悟文化的深层内涵。

从价值引领的角度来看，广播新闻报道在弘扬主流价值观、传播正能量方面具有独特优势。新闻报道不仅要反映社会现实，更要引导社会风尚。广播新闻可以通过典型事例报道、人物专访等形式，宣传社会主义核心价值观，弘扬中华民族传统美德，塑造积极向上的社会文化氛围。例如，在报道抗击新冠疫情的新闻中，记者通过生动的现场描述和深情的人物刻画，展现了医护人员救死扶伤的崇高品德和广大人民众志成城的团结精神，彰显了中华民族同舟共济、守望相助的家国情怀，极大地鼓舞了民众的抗疫斗志，凝聚了社会的正能量。

从审美教育的角度来看，广播新闻报道在培养公众文化品位、陶冶情操方面发挥着重要作用。文化素养的提升离不开审美能力的培养。广播新闻可以通过对优秀文艺作品、美学现象的深度解读，引导受众提高艺术鉴赏力，领略文化之美。同时，广播新闻还可以通过对高尚情操、美好心灵的人物事迹进行报道，感染和启迪受众，促进其形成健康向上的审美情趣和道德情操。例如，在报道全国道德模范事迹时，记者用朴实真挚的语言讲述他们无私奉献、诚实守信的动人故事，展现了平凡人物的精神之美，引发了受众的情感共鸣和道德认同，产生了潜移默化的教化作用。

（二）新闻事件的跨文化视角分析

新闻媒体应当充分认识到不同文化语境下受众的接受心理和解读视角。由于文化背景、价值取向的差异，同一新闻事件在不同国家和地区可能引发截然不同的反响。因此，在跨文化报道中，记者需要跳出自身文化的局限，换位思考异质文化受众的心理预期，力求在报道角度和论述方式上达成某种平衡，尽可能减少文化误读和价值判断的偏差。

新闻媒体应当注重挖掘新闻事件背后的深层文化原因，揭示不同文化互动的复杂性。许多跨国新闻事件的发生，并非简单的孤立事件，而是多元文化交织碰撞的结果。媒体在报道时，要立足事件表象，深入剖析事件成因，特别是其所折射出的文化矛盾与冲突。通过多维度、多层面地呈现事件全貌，帮助受众理解异质文化的内在逻辑，从更广阔的文化视野审视问题的本质。同时，媒体还应引导受众辨识文化交流中的共性与差异，在尊重差异的前提下寻求价值的汇通，促进不同文化间的理解与包容。

新闻媒体应当提高文化敏感性，注重人文关怀，以平等、客观的态度对待不同文化。跨文化报道容易陷入文化偏见和刻板印象的窠臼，导致对异质文化的片面理解甚至歧视。为了消弭这种偏颇，新闻工作者需要加强文化自省，反思自身的文化定式，摒弃优越感和偏见，以开放包容的心态还原事件真相。对于文化差异引发的矛盾冲突，媒体应本着人道主义精神予以关切，展现不同文化主体的现实处境与心理感受，唤起人们的共情与慈悲，架起心灵沟通的桥梁。

新闻媒体还应充分运用新技术手段，创新跨文化传播的方式方法。随着信息技术的飞速发展，人们获取新闻信息的渠道日益多元化。网络媒体、社交平台逐渐成为跨文化交流的重要场域。新闻工作者要主动适应传播生态的变革，积极利用新媒体平台拓展多元文化语境下的传播路径，通过图文音视频等丰富形式，生动鲜活地再现新闻事件，拉近不同文化背景受众的心理距离。同时，要注重与受众的互动交流，通过评论、留言等方式倾听不同文化主体的声音，搭建多元文化对话的平台，让新闻报道成为沟通心灵、凝聚共识的纽带。

（三）广播新闻语言的跨文化适应性

从语言风格来看，优秀的广播新闻语言应该具备简洁、明了、通俗易懂的特点。由于广播受众来自不同文化背景，其语言理解能力和习惯存在差异。因此，广播新闻从业者需要使用清晰、直白的语言，避免使用过于晦涩、专业的词汇，以降低跨文化传播的语言障碍。同时，恰当运用比喻、譬喻等修辞手法，可以增强新闻语言的生动性和形象性，帮助受众更好地理解新闻内容。

从表达方式来看，广播新闻语言应注重音色、语速、节奏等语音要素的运用。不同文化背景下，人们对语音的偏好存在差异。广播新闻播报需要根据受众的文化习惯，调整语速、音量和语调，力求在跨文化传播中达到最佳的传播效果。例如，针对母语非汉语的受众，播报员可以适当放慢语速，并使用标准、规范的普通话进行播报，减少方言和口音的影响。

从内容选择来看，广播新闻语言需要兼顾全球视野与本土关怀。在报道国际新闻时，新闻工作者应从多元文化视角出发，尊重不同文化的价值观念、历史传统和社会制度，避免文化偏见和刻板印象。在报道本国新闻时，则需要充分考虑国际受众的文化背景，选取具有国际意义、易于跨文化理解的新闻素材，并进行必要的背景说明和文化诠释，拉近与海外受众的心理距离。

广播新闻语言的跨文化适应性还要求新闻工作者具备较高的文化敏感性和国际视野。一方面，新闻工作者需要深入了解不同国家和地区的文化特点，把握文化禁忌和传播底线，审慎对待涉及种族、宗教、意识形态等敏感话题的报道。另一方面，媒体机构应加强对新闻工作者的跨文化传播培训，提高其语言表达能力、跨文化沟通能力和国际新闻报道能力，使其成为文化交流的积极践行者。

五、广播广告与文化影响

（一）广播广告中文化元素的选择与运用

从语言角度看，方言是地域文化的重要组成部分，蕴含着丰富的文化内涵和情感色彩。在广播广告中适度使用方言，能够拉近与当地受众的心理距离，增强文化认同感。例如，川味食品广告中加入四川方言，不仅能渲染出浓郁的巴蜀风情，还能唤起听众对家乡味道的美好记忆。但方言的运用也需要把握分寸，避免过于生僻难懂，影响广告的传播效果。

音乐同样是彰显地域特色的有效元素。民族民间音乐承载着悠久的文化传统，代表着一方水土养育的审美情趣。将富有地方特色的曲调、乐器融入广播广告音乐，能够渲染出别具一格的文化氛围。例如，云南旅游广告中使用民族乐器古筝、芦笙营造出神秘悠远的意境，让人仿佛置身于彩云之南的壮美景致中。

此外，广播广告脚本创作也大有文章可做。善用当地历史典故、文学艺术、风土人情等文化元素，能使广告更加贴近地域生活，引发受众的情感共鸣。例如，苏州丝绸广告可以借鉴吴地评价柔婉细腻的诗词意象，江西瓷器广告可以用景德镇制瓷历史渊源作引子，都能令广告更添文化底蕴和说服力。

当然，地域文化元素并非生硬地“嫁接”到广播广告中，而是需要与产品特性和传播诉求巧妙结合，做到有机融合、相得益彰。只有找准文化与商业的契合点，才能既彰显地域特色，又不失广告的感染力和说服力。同时，创意者还需要考虑广告的传播范围，对地域文化元素的运用分寸拿捏得恰到好处，既展现文化魅力，又照顾多元受众的接受习惯。

（二）广播广告对消费文化的形塑作用

广播广告通过精心设计的内容和形式，向受众传递了特定的消费观念和行为模式。广告中展示的商品形象、生活方式、价值取向等，在潜移默化中影响着受众的消费意识和选择偏好。久而久之，这些观念和行为逐渐内化为消费者的自觉追求，形成了特定的消费文化氛围。

广播广告还通过不断刺激和满足受众的消费欲望，推动了消费主义文化的盛行。广告往往通过渲染产品的独特性能和使用体验，制造消费者的心理需求，激发其购买冲动。

广播广告对不同地域、不同群体的消费文化也产生着差异化影响。一些广告基于地域特色和文化习俗，设计出契合本土受众口味的内容，传播了独具特色的地方消费文化。而有的广告则以都市白领、时尚达人等群体为目标受众，塑造了追求品位、讲究格调的小众消费文化。这些差异化的文化传播，反映了消费主体多元化的发展趋势。

（三）广告传播中的文化敏感性与伦理考量

文化敏感性是广播广告传播必须遵循的基本原则。每个民族和地区都有自己独特的文化传统、价值观念和审美情趣。广播广告要想在异质文化中产生共鸣，就必须尊重当地的文化特质，融入本土化的表达方式。一味照搬套用其他地区的广告创意和表现手法，不仅难以引起受众的情感共振，甚至可能引发文化冲突和道德争议。因此，广播广告在创作过程中，要深入了解目标受众的文化心理和接受习惯，将广告诉求与当地价值观念巧妙结合，才能真正实现跨文化的有效传播。

在文化适应的同时，广播广告更要恪守基本的伦理道德底线。广告作为一种商业传播行为，其根本目的是促进商品和服务的销售。然而，在利益驱动下，一些广告却罔顾社会责任和道德操守，片面渲染和夸大产品功效，误导和欺骗消费者，甚至出现种族歧视、性别歧视等有悖公序良俗的内容。这些违反伦理的广告不仅损害了消费者的合法权益，也给广告行业的公信力和形象带来负面影响。因此，广播广告在创意表现上要把握分寸，坚守诚信、平等、责任的职业操守，以积极健康、导向正确的内容引领社会风尚。

具体而言，广播广告在文化适应性方面，要充分考虑当地的语言习惯、价值取向、审美品位等因素，在表达方式上做到贴近生活、融入本土。同时，要善于挖掘和展现地域文化的独特魅力，通过生动、幽默、富有创意的广告语言，引发受众的情感共鸣，拉近与消费者的心理距离。而在伦理把控方面，广播广告要坚持以人为本，摒弃虚假夸张、低俗庸俗的表现手法，传递真实、优质、有益的产品信息。对于一些涉及社会公共利益的广告，如公益广告、公共服务广告等，更要主动承担社会责任，弘扬正能量，传递向上向善的价值观。

第三节　电视媒介中的文化交流

一、电视节目内容的文化传播

（一）电视剧集与文化价值观的塑造

电视剧集对文化价值观的塑造主要体现在以下几个方面：首先，电视剧集通过塑造正面人物形象，树立社会主流价值取向。那些勇敢、正直、善良、智慧的角色，往往成为观众心目中的楷模和偶像，他们所代表的价值观念也得到了广泛认可和传播。其次，电视剧集善于将社会热点话题和道德伦理问题融入剧情，引发观众思考和讨论。通过人物命运的跌宕起伏、矛盾冲突的激烈交锋，电视剧集展现了不同价值观念的碰撞，促使观众在思考和选择中形成自己的价值判断。最后，电视剧集注重营造积极向上的价值氛围，弘扬真善美，鞭笞假恶丑。许多电视剧集通过曲折的故事发展，最终实现正义战胜邪恶、光明驱散黑暗的结局，传递出坚定的价值信念和道德理想。

从宏观角度来看，电视剧集已经成为当代大众文化的重要载体，在文化价值观念的传播和塑造中扮演着关键角色。一方面，电视剧集受到主流文化和意识形态的规约，又反过来影响着大众的文化心理和价值认同。另一方面，电视剧集与社会现实密切互动，既反映了时代风貌，又推动了社会进步。在这个意义上，提升电视剧集的价值内涵，增强其文化自觉和社会责任意识，对于引领社会文化风尚、促进社会主义核心价值观建设具有重要意义。

（二）知识型节目与文化素养提升

从认知层面来看，电视科普节目有助于受众建立完整的科学知识体系。节目内容涵盖物理、化学、生物、天文、地理等多个学科领域，系统地介绍了各学科的基本概念、原理和最新进展。通过反复接触这些内容，受众能够逐步理解和掌握科学规律，形成科学的世界观和方法论。同时，科普节目还注重揭示不同学科知识之间的内在联系，引导受众从多学科视角思考问题，培养其全面的分析能力和批判性思维。这种系统性、整合性的知识传播，为受众的文化素养提升奠定了坚实的理论基础。

从情感态度层面来看，电视科普节目在培养受众科学精神、人文情怀等方面也发挥着独特作用。许多节目以讲述科学家的人生故事为切入点，生动再现了他们为探索真理而孜孜以求的治学态度和严谨求实的科研品格。这些鲜活的案例激发了受众对科学的敬畏之心，帮助其树立了“科学无止境，探索无止境”的价值追求。同时，科普节目还注重展现科技发展与社会进步、生态文明的紧密关联，引导受众正确认识科学技术的社会责任，坚持以人为本、与自然和谐共生的发展理念。这种科学与人文相结合的视角，丰富了受众的精神世界，提升了其文化品位。

此外，电视科普节目还通过创新表现形式，拓展了大众文化素养提升的途径。许多节目将科学元素与影视剧、纪录片、动画等艺术形式相融合，创作出了寓知识性于趣味性的精品力作。例如，《最强大脑》通过设置脑力挑战赛，展现人类惊人的记忆力、计算力和反应力，激发了受众对心理学、脑科学的兴趣；《人与自然》则以纪录片的形式展现了人类与大自然和谐共处的美好图景，唤起了人们保护生态环境的责任感。这些创新的传播方式有效吸引了年青一代受众，使科学知识走入寻常百姓家，成为全民文化生活的重要组成部分。

（三）儿童节目与文化认同感培养

从认知层面来看，儿童节目可以系统地向儿童介绍本民族的历史、地理、艺术、风俗等文化知识，帮助他们全面了解民族文化的内涵和特色。例如，一些以民间故事、神话传说为题材的动画片，生动形象地再现了民族文化中的英雄人物和精神内核，让儿童在潜移默化中感悟民族文化的博大精深；一些反映少数民族风情的纪录片，通过展现不同地域的风土人情，帮助儿童认识到中华民族文化的多样性和包容性，增进他们对各民族文化的了解和尊重。

从情感层面来看，儿童节目可以通过鲜活生动的艺术表现形式，激发儿童对民族文化的情感共鸣和心理认同。富有民族特色的音乐、舞蹈、美术等艺术元素的运用，能够唤起儿童心中对民族文化的亲切感和向往之情。同时，节目中蕴含的民族精神和价值观念，如勇敢、正直、仁爱等，也能感染儿童，引导他们形成积极向上的人格品质。久而久之，儿童对民族文化的情感连接会越来越深厚，进而转化为一种自觉的文化认同。

从态度层面来看，儿童节目可以培养儿童对民族文化的尊重和传承意识。通过展现民族文化在现实生活中的应用和价值，儿童节目能够使儿童意识到民族文化不是一些遥远抽象的符号，而是一种鲜活的生活方式和精神财富，值得他们去热爱、去继承、去发扬。一些节目还会专门设置传统手工、民俗活动等体验环节，鼓励儿童亲身参与到民族文化的传承中来，在实践中加深对民族文化的理解和热爱。

此外，儿童节目在促进不同民族文化交流、增进民族团结方面也有独特作用。通过介绍不同民族的风俗习惯、艺术特色，儿童节目能够帮助儿童了解和欣赏彼此的文化，消除偏见和隔阂，培养海纳百川、兼容并蓄的文化情怀。

二、电视广告中的文化符号

（一）广告中的民族文化符号使用

民族文化符号在电视广告中的运用为产品注入了独特的文化内涵，增强了广告的感染力和说服力。传统的图腾、图案、服饰等视觉符号，以及民歌、乐器等听觉符号，都蕴含着丰富的民族文化信息。将这些符号巧妙地融入广告创意中，能够唤起受众的文化认同感，拉近产品与消费者的心理距离。

以苗族文化元素为例，银饰、蜡染、刺绣等手工艺品常被用作广告道具，展现苗族人民的智慧和创造力。悠扬动听的芦笙音乐则营造出神秘、古朴的氛围，让人仿佛置身于苗寨之中。这些符号不仅美化了广告画面，更重要的是传达了质朴、自然的价值理念，与当下“返璞归真”的消费趋势不谋而合。

因此，广告创意人员在借鉴民族文化符号时，必须秉持慎重、审慎的态度，尊重文化的多样性和完整性。要深入了解符号背后的历史渊源、价值观念，避免简单化、碎片化地使用。同时，要发挥文化符号的内在精神，而非仅仅停留在视听效果的呈现上。只有在传承与创新中找到平衡，才能真正发挥民族文化符号的优势，提升广告的艺术感染力。

从宏观来看，民族文化符号在电视广告中的应用体现了传统文化与现代传播的融合，有利于增强民族文化的认同感和自信心。在全球化语境下，这种寻根溯源、弘扬本民族优秀文化的努力尤为可贵。它不仅丰富了广告表现的形式，更成为传承和发展民族文化的重要途径。

随着文化自觉意识的觉醒，越来越多的广告主开始重视民族文化元素的运用。这既是顺应消费者需求的市场选择，也折射出整个社会对文化多样性的尊重和包容。在创意实践中，广告人应不断提升文化素养，努力创作出既有时代特色、又富含民族气息的优秀作品。唯有如此，才能实现商业价值与社会价值的统一，推动民族文化的创造性转化和创新性发展。

（二）广告与现代文化趋势的互动

电视广告以其敏锐的洞察力，准确捕捉并反映了社会文化的发展趋势。广告创意人员通过对社会热点话题、流行元素的提炼和融合，将当下最具时代气息的文化符号巧妙地植入广告之中。这些融入了时尚元素的广告作品，以其新颖的表现形式和先进的文化理念，吸引着广大受众的目光。人们通过欣赏这些广告，了解和感知着社会文化最新的发展动向，广告也因此成为引领文化潮流的风向标。

电视广告以其强大的渗透力和影响力，反过来塑造和引导着现代文化的发展方向。一则成功的广告，往往能够以其独特的创意和精准的表达，深入人心，引发社会共鸣。广告所倡导的生活方式、价值观念，通过电视媒体的反复曝光和社交媒体的快速传播，逐渐被大众所接受和认同，进而内化为主流文化的一部分。很多脍炙人口的广告语，如“我选择，我喜欢”“没事儿，包在我身上”等，已经超越了单纯的商业表达，成为流行文化的经典符号。人们在日常交流中不自觉地使用这些广告用语，这既体现了广告对大众语言习惯的影响，也彰显了其对文化生活的塑造力量。

此外，电视广告还是多元文化交流的重要平台。在全球化背景下，不同国家和地区的文化在广告中不断交汇碰撞，催生出丰富多彩的文化内涵。许多跨国公司的广告，刻意融合不同文化元素，试图打造出兼具本土特色与国际视野的品牌形象。这种文化融合的尝试，一方面拓展了广告表现的空间，另一方面为文化的多元发展提供了新的可能。而本土广告在吸收借鉴国际先进理念的同时，也更加注重文化传统的传承和本土特色的彰显。这种在交流中共生，在博采中创新的发展态势，为广告乃至整个文化领域注入了源源不断的活力。

三、电视新闻的跨文化报道

（一）跨文化视角下的新闻报道准则

跨文化视角下的新闻报道应该坚持客观、公正的基本原则。每一种文化都有其独特的价值观念、行为方式和思维模式，这些差异往往会导致文化冲突和误解。新闻工作者要尽可能客观、全面地呈现不同文化视角，避免带有偏见和成见的报道。同时，要深入了解不同文化的历史渊源、发展脉络，在报道中提供必要的背景知识，帮助受众更好地理解文化差异的根源。

跨文化报道还需要注重对文化敏感问题的把握和处理。一些涉及种族、宗教、意识形态等方面的议题，在不同文化语境下可能引发截然不同的反应。新闻工作者要提高文化敏感性，准确识别和判断这些问题的文化内涵，谨慎选择报道角度和语言表述，避免引发不必要的文化冲突和对抗。对于一些容易引起争议和误解的内容，可以采取中立、克制的报道策略，给予各方充分表达意见的机会。

此外，跨文化报道应该体现人文关怀和包容精神。在呈现文化差异的同时，挖掘不同文化的共通之处，弘扬人类共同的价值追求。报道中可以讲述不同文化背景下人们的真实生活状态，展现他们的喜怒哀乐、梦想追求，唤起人们对彼此命运的关切和共鸣。同时，要倡导文化多样性，尊重不同文明的平等地位，反对文化霸权主义。

新闻工作者还需要提升跨文化传播能力，不断拓宽知识视野，加强与不同文化背景的人们的交流互鉴。要主动学习和了解不同国家、民族的风土人情、历史文化，掌握跨文化交流的技巧和方法。在实际报道中，要善于换位思考，站在不同文化视角审视问题，用通俗易懂、贴近受众的语言讲述故事，拉近与受众的心理距离。

（二）国际新闻中的文化差异展现

记者要具备跨文化意识和文化敏感性。这要求记者深入了解报道对象所在国家和地区的历史传统、政治经济、社会习俗等背景知识，掌握当地的语言特点和交流方式，能够换位思考，站在对方的立场上理解事物。同时，记者还要审慎对待自身的文化偏见和刻板印象，不带成见地观察异域文化，尊重文化多样性。唯有如此，才能在报道中准确把握并细腻呈现不同文化之间的差异。

国际新闻报道要兼顾普遍性和特殊性的平衡。一方面，人类社会存在一些共通的价值追求和道德准则，如和平、发展、平等、正义等，这是跨越文化界限的。国际新闻报道要充分体现共通性和普遍性，唤起人们的共同情感和道德认同。另一方面，不同文化又有其独特性和差异性。对此，国际新闻报道不能简单化、同质化，而应该细致入微地展现各民族、各地域文化的个性和魅力。唯有做到普遍性和特殊性的有机统一，国际新闻报道才能真正增进不同文化间的理解和包容。

国际新闻报道应该客观、公正、全面。面对文化差异时，记者要秉持客观态度，依据事实和数据进行报道，避免主观臆断和价值判断。同时，报道还要兼顾各方观点，体现新闻的公正性。对于因文化差异引发的矛盾冲突，要深入剖析问题根源，平衡报道各方立场，为受众提供多元视角，引导理性思考。这就要求记者不仅要有深厚的文化修养和敏锐的洞察力，更要有一颗包容、开放的心灵。

此外，国际新闻报道要善于捕捉文化交流与融合的生动案例。在全球化时代，文化交流日益频繁，不同文化之间也呈现出互鉴、互补、共荣的融合趋势。国际新闻报道要敏锐发掘不同文化交流碰撞、融合创新的鲜活故事，以小见大，彰显和而不同、美美与共的人类文明图景，为构建人类命运共同体营造良好的舆论氛围。

（三）电视新闻与全球文化交流

电视新闻的跨文化报道需要遵循一定的准则。首先，报道应坚持客观、公正的原则，尊重不同文化的习俗和传统，避免以偏概全或带有偏见的报道。其次，记者应深入了解所报道国家和地区的历史、政治、经济、社会状况，全面把握文化背景，增强报道的深度和广度。最后，电视新闻应注重人文关怀，通过报道普通民众的生活状态、价值观念等，拉近不同文化之间的心理距离，唤起观众的共情和理解。

在报道国际新闻时，电视新闻应善于捕捉和展现不同文化之间的差异。通过鲜活、生动的画面和解说，电视新闻能够直观地呈现不同国家和民族在生活方式、风俗习惯、价值观念等方面的差异，引发观众对文化多样性的思考。同时，记者还应深入分析文化差异背后的原因，如历史传统、地理环境、宗教信仰等，帮助观众全面认识和理解不同文化，促进跨文化理解与包容。

电视新闻在报道重大国际事件时，更应发挥文化交流的积极作用。面对恐怖袭击、自然灾害等全球性危机，电视新闻应秉持人道主义精神，呼吁国际社会携手应对，凝聚共识、化解分歧，展现人类命运共同体意识。同时，电视新闻还应积极报道不同国家和文化在应对全球性问题时的理念和实践，促进经验交流和智慧分享，为构建人类命运共同体贡献力量。

四、电视娱乐节目的文化影响

（一）真人秀节目中的文化交流现象

通过将来自不同文化背景的参与者聚集在一起，真人秀节目为他们提供了一个相互了解、互通有无的平台。在这个过程中，参与者不仅能够深入体验异域文化的独特魅力，也能借此机会向其他文化的代表展示自身的文化特色。这种多元文化的交织与碰撞，不仅拓宽了参与者的文化视野，也为观众呈现了一幅丰富多彩的文化景观。

从文化传播的角度来看，真人秀节目具有独特的优势。与传统的影视作品相比，真人秀节目更加注重真实性和互动性。节目中参与者的一言一行，能够真实地反映其所代表文化的价值观念、行为方式和思维模式。同时，参与者之间的交流互动，也能够直观地展现不同文化在交往中产生的火花。这种生动鲜活的文化呈现方式，能够引发观众的强烈共鸣，增强节目的感染力和说服力。

因此，要充分发挥真人秀节目在促进文化交流方面的积极作用，节目制作者应该秉持客观、平等的原则，尊重多元文化，致力于呈现文化的真实面貌。同时，观众也应该保持理性和独立思考，在欣赏节目的同时，深入了解不同文化的内涵，以开放包容的心态去感受文化交流的魅力。

（二）喜剧节目中的文化刻板印象问题

喜剧节目以幽默、诙谐的方式呈现丰富多彩的生活，深受大众欢迎。然而，在制造笑料的过程中，一些节目不可避免地使用了文化刻板印象，将特定群体简单化、标签化，忽略了他们的多元特征和个体差异。长此以往，这种刻板印象不仅影响了受众对相关群体的认知，更可能强化社会偏见，阻碍文化交流与理解。

文化刻板印象的形成与媒介传播密不可分。电视喜剧节目为了吸引眼球，往往采用夸张、戏谑的手法塑造人物，却忽视了对文化多样性的尊重。例如，一些节目习惯性地将某些地域的人刻画成贪婪、愚笨的形象。这种基于刻板印象的喜剧创作，虽然能博得部分观众一笑，却无形中强化了文化偏见，割裂了不同群体间的情感联结。

喜剧节目中的刻板印象会在观众心中根深蒂固，进而影响他们在现实生活中的认知和行为。久而久之，这种对特定群体的片面理解会沉淀为一种无意识的文化偏见，代代相传。而当人们习以为常地接受这些刻板印象时，也就意味着文化歧视的温床已然形成。

作为大众传播的重要载体，电视喜剧节目理应承担更多的社会责任，传递进步、包容的价值理念。节目创作者应该主动突破文化刻板印象的桎梏，以更加多元、立体的视角审视不同群体，展现他们鲜活的生活状态和精神风貌。与此同时，喜剧节目也要注重对观众的引导，增强他们的文化敏感性和反思意识，引导他们学会换位思考、包容差异。

随着全球化时代的到来，不同民族、不同文化之间的交流日益频繁。在这一背景下，电视喜剧节目应该成为促进文化对话、消除偏见的重要力量。它们应该以更加开放、理性的姿态审视社会现实，发掘文化差异背后的人性共通之处，唤起人们对彼此命运的关切与共情。唯其如此，喜剧节目才能真正承担起文化传播的使命，为构建一个多元包容的世界谱写欢歌。

五、电视纪录片的文化传承

（一）纪录片中的历史文化再现

纪录片对历史文化的再现首先体现在对重大历史事件的客观呈现上。那些影响一个民族、一个国家乃至全人类进程的历史事件，往往蕴藏着丰富的历史细节和深刻的文化内涵。纪录片通过收集、整理、展示各类历史资料，包括文字档案、图片、音频、视频等，多角度、多层面地复原历史现场，让观众身临其境地感受历史的脉动。例如，反映中国人民抗日战争历史的大型纪录片《东方主战场》，通过大量珍贵的历史影像资料，再现了中华民族不屈不挠、浴血奋战的英雄史诗，彰显了中华民族的爱国主义精神和必胜信念，激发了广大观众的爱国热情和民族自豪感。中华五千年产生了诸多丰富与曲折的故事，从个体命运到民族兴亡，从人生悲欢到王朝更替，充满了戏剧性和传奇。纪录片《历史的拐点》以今日视点重新观照历史、评判历史，以历史启迪当代。该纪录片用情景再现的方式诠释中国历史的5个拐点：商鞅变法、汉匈之战、澶渊之盟、下西洋和甲午战争，影片深入历史的节点即孕育性的时刻，试图揭示中国历史变化的内在动因。

纪录片对历史文化的再现还体现在对优秀传统文化的挖掘和弘扬上。中华民族在五千年文明发展历程中，创造了灿若星河的优秀传统文化。这些优秀文化蕴含着中华民族的理想信念、价值追求和审美情趣，是中华民族独特精神标识的重要体现。纪录片通过文化遗存、典籍文献、民间传说等多种文化载体，深入发掘中华优秀传统文化的历史渊源、发展脉络和独特魅力，让优秀传统文化跨越时空限制，焕发新的生命力。例如，大型文化纪录片《经典永流传》，面向世界讲述了中国经典文艺的前世今生，系统梳理了中华文化的发展脉络，通过历史深度、国际视野的立体呈现，引导观众自觉传承文化基因，涵养道德情操，培育高尚品格；徽州文化纪录片《宝墨园》，以建筑为切入点，全景式展现了徽州古建筑、古村落、古民居的前世今生，讲述了古徽州匠人、文人、商贾背后的人生故事，生动再现了徽州文化的精神内核和当代价值。

纪录片对历史文化的再现还体现在对地域特色文化的挖掘和展示上。中国幅员辽阔，不同区域孕育了丰富多彩的地域文化。这些地域文化是不同区域在特定自然环境和历史条件下，经过长期积淀而形成的独特文化样式，具有浓郁的乡土气息和鲜明的地域特色。纪录片通过对特定区域的人文景观、民俗风情、口头传统、生活方式等方面的深度挖掘，鲜活再现地域文化的独特魅力，增进不同地域间的文化交流。例如，聚焦云南少数民族文化的纪录片《彩云之南》，以人类学视野深入展现了云南少数民族独特的信仰习俗、服饰器物、歌舞艺术，揭示了云南多元文化交融共生的和谐图景，彰显了各民族交往交流交融的时代价值；反映江南水乡文化的纪录片《千年运河》，以大运河为主线，采用全景式、体验式的拍摄手法，多角度、多侧面地呈现了运河两岸的秀美山水、人文景观和历史文化，再现了大运河作为“流动的文化长河”的独特魅力，彰显了其作为中华文明纽带的重要价值。

（二）纪录片与当代文化价值观的塑造

纪录片对当代文化价值观的塑造首先体现在对社会现实的深度挖掘和批判性反思。优秀的纪录片创作者敏锐捕捉时代脉搏，以敏锐的洞察力和人文关怀，直击社会问题的核心，揭示事物的本质和规律。他们不满足于表面现象的呈现，而是力求刨根问底，探寻问题的根源所在。通过真实记录社会各阶层的生存状态、情感诉求、价值取向，纪录片向观众展现了一个立体多元的当代社会图景，引发人们对既有文化价值观的反思和批判。这种反思有助于人们突破思维定式的桎梏，重新审视习以为常的文化现象，进而推动社会文明的进步。

纪录片对当代文化价值观的塑造还体现在对人性复杂性的深入展现。与其他影视作品不同，纪录片以真实的人物命运见证时代变迁，刻画丰满立体的人性图谱。那些曾被遮蔽、被忽视的人群，在纪录片的镜头下重新获得了话语权。他们的喜怒哀乐、梦想挫折、精神困境，无不引发观众的共情和思考。人性的复杂性在纪录片中得以淋漓尽致地展现，既有崇高的理想信念、无私的奉献精神，也有自私的欲望迷失、灵魂的困顿挣扎。通过展现人性的复杂性，纪录片引导人们反观自照，审视个体与社会的关系，进而对当代文化价值观产生深刻影响。

此外，纪录片还通过审美创新推动当代文化价值观的发展变迁。作为一种艺术样式，纪录片的创作理念和美学追求也在不断更新。新锐纪录片导演们大胆突破传统叙事和拍摄模式的局限，运用多元化表现手法，实现形式与内容的完美融合。电影化的叙事、诗化的影像、个人化的视角，这些创新的艺术手法赋予纪录片强大的感染力，引领观众进入全新的美学世界。同时，纪录片审美范式的革新也带来了价值观念的变革。打破主流意识形态桎梏，彰显边缘群体诉求，倡导人文关怀精神，纪录片艺术通过触及人们的审美神经，潜移默化地影响和塑造着当代文化价值观。

（三）地域文化纪录片的作用

1. 真实、生动地记录下特定地域的历史文化遗存

每一个地域都有其独特的自然环境、人文风貌和历史积淀，构成了丰富多

彩的地域文化。而纪录片通过镜头语言，将这些鲜活的文化元素定格下来，使之成为可以长久保存的文化档案。无论是古老的民俗习惯，还是濒临失传的传统技艺，都能在纪录片中得到完整、真实的呈现。这种影像记录方式比文字材料更加直观、生动，也更易于引起受众的情感共鸣。

2. 有助于唤起人们对本土文化的重视和认同

在全球化浪潮的冲击下，许多地域性文化面临着湮没和消亡的危机。而纪录片通过艺术化的再现，能够唤醒人们内心深处对故土文化的情感，激发其文化自觉和认同感。当人们在银幕上看到自己熟悉的乡音、习俗和风物时，往往会产生一种亲切感和自豪感，进而萌发出保护和传承本土文化的使命感。这种文化认同感的建立，对于文化多样性的维护和可持续发展至关重要。

3. 是跨文化交流和民族文化互鉴的重要载体

每一部优秀的地域文化纪录片，都是一扇通向异域文化的窗口。通过纪录片，人们可以跨越地理空间的限制，了解不同地域的风土人情和文化特质。这种跨文化的体验和理解，有助于增进不同民族、不同地域之间的相互尊重和包容，促进文化之间的对话与融合。在当今日益多元的世界，地域文化纪录片无疑是促进文化互鉴、构建人类命运共同体的重要力量。

4. 具有重要的教育功能和审美价值

许多反映地域文化的纪录片采用了诗意的影像语言和富有美感的叙事方式，将地域文化的内涵以艺术化的形式呈现出来。这不仅能够引导观众欣赏和感悟中华文化的博大精深，也能陶冶情操、启迪心智，具有独特的教化作用。同时，许多地域文化纪录片还融入了深刻的人文关怀和哲学思考，引发观众对人与自然、传统与现代等问题的思索，具有较高的思想价值和艺术价值。

第四章　媒介传播在文化交流中的具体应用

第一节　新闻报道中的文化交流

一、新闻报道的跨文化传播策略

（一）定义与重要性

所谓跨文化传播，是指信息在不同文化背景下的个体、群体之间的传递和互动过程。在新闻报道中，跨文化传播体现为记者在采写、编辑、呈现新闻内容时，如何克服文化差异带来的障碍，实现信息的有效传递和意义的准确诠释。只有深刻认识跨文化传播的内涵和规律，采取科学的传播策略，才能真正发挥新闻报道的文化交流功能，促进不同文化间的相互理解和包容。

系统梳理跨文化传播理论，是把握新闻报道文化交流功能的基础。跨文化传播学作为一门独立学科，经过半个多世纪的发展，已经形成了较为完备的理论体系。霍尔的高低语境理论、霍夫斯泰德的文化维度理论、吉尔伯特的文化对比修辞学等，都为理解跨文化传播规律提供了重要启示。新闻工作者应主动学习这些理论知识，领会其中蕴含的文化智慧，在新闻报道实践中加以灵活运用。只有以扎实的理论功底作为支撑，才能在纷繁复杂的跨文化语境中把握规律，少走弯路。

遵循受众的文化特点，是实现新闻报道跨文化传播的关键。不同文化背景下受众的世界观、价值观、审美情趣等存在显著差异，这就要求新闻报道在选题策划、内容呈现、话语表达等各个环节，都要充分考虑受众的文化心理和接受习惯。不同文化对时间、空间的理解和表达方式也不尽相同，这就需要在新闻报道中采取恰当的时空处理策略，避免产生误读和偏差。唯有立足受众视角，走进其文化世界，才能找准新闻报道的着力点和切入点，实现“换位思考”，拉近与受众的心理距离。

注重人文关怀，是提升新闻报道跨文化传播效果的法宝。人性的温暖和善意是跨越文化隔阂的桥梁，也是打动受众、引发共鸣的法宝。新闻报道要善于捕捉和呈现不同文化中人性的闪光点，彰显人道主义精神，唤起受众心中善良与正义的力量。例如，在报道灾难、冲突等新闻时，可以适当侧重刻画普通民众守望相助、众志成城的感人事迹，传递重建家园、战胜困难的乐观情绪，给受众以积极向上的精神感召。这种超越文化差异、直抵人心的报道方式，往往更容易博得受众的认同与信任，为文化交流创造良好氛围。

（二）方法论

记者应该深入了解目标受众的文化背景、价值观念和行为习惯，并在报道中充分考虑这些因素。只有站在受众的角度，采用符合其文化预期的表达方式，才能拉近心理距离，增强报道的亲和力和说服力。

媒体工作者要坚持客观、公正的报道原则，尽可能避免文化刻板印象和偏见。在采访、写作过程中，记者应该广泛收集材料，全面了解事实真相，并从多元文化视角出发进行分析和评论。对于涉及文化冲突、价值观差异的敏感议题，记者更要审慎对待，不能简单化、标签化，而应该深入剖析问题的文化根源，促进不同群体间的理解和对话。

媒体机构应加强文化多样性教育，提升从业者的跨文化沟通能力。通过开展文化等专题培训，帮助记者树立文化相对主义意识，学会换位思考，用更加包容、开放的心态对待异质文化。同时，媒体机构还应该优化用人机制，吸纳不同文化背景的新闻工作者，搭建多元文化交流的平台，让报道呈现更加丰富、立体的视角。

科技进步也为跨文化传播提供了新的机遇和工具。数字媒体时代，借助社交网络、算法推荐等技术手段，媒体可以实现精准化、个性化的信息投放，为不同文化背景的受众提供量身定制的内容服务。新闻工作者应紧跟技术发展潮流，创新报道形式和传播渠道，用受众喜闻乐见的方式讲述多元文化的故事。

跨文化传播离不开相互尊重、平等对话的意愿和勇气。面对文化差异时，媒体工作者要怀着谦逊、审慎的态度，努力创造开放、包容的舆论氛围，搭建不同文化群体沟通交流的桥梁。唯有如此，新闻报道才能真正发挥文化润滑剂和黏合剂的作用，推动人类文明进步。

二、新闻报道中的文化差异处理

（一）差异识别

从差异的类型来看，新闻传播中的文化差异主要体现在以下几个方面：

1. 价值观念的差异

不同文化背景下，人们对于什么是重要的、什么是应该追求的经常有不同理解。这种价值取向的差异会直接影响新闻选题和报道角度。

2. 思维方式的差异

不同文化圈的人在认知世界、组织信息等方面存在显著差异。总的来说，西方文化偏向于抽象逻辑思维，注重事物的内在本质和因果关系；而东方文化则更倾向于具象形象思维，注重事物的整体性和关联性。这种思维方式的差异会影响新闻叙事的逻辑结构和表达方式。

3. 语言符号的差异

语言作为文化的重要载体，承载着特定群体的价值观念、审美情趣和历史记忆。同一事物在不同语言中的表述方式可能大相径庭，甚至完全相反。这种语言符号的差异极易在跨文化传播中产生误读和曲解。

4. 文化禁忌和敏感话题的差异

由于历史、宗教等因素，不同文化对某些话题的态度和容忍度差异很大。如果新闻报道触及一些国家或民族的禁忌或敏感话题，极易引发文化冲突和争议。

5. 时空观念的差异

不同文化对时间和空间的理解和安排方式不尽相同。西方文化往往强调时间的线性推进和空间的私有划分，而东方文化则更看重时间的周期循环和空间的共享流动。这种时空观念的差异会影响新闻报道对事件发展脉络的把握和对现场细节的刻画。

（二）调适策略

新闻工作者要深入研究不同文化圈受众的认知特点、价值取向和审美偏好，了解他们对信息的解读方式和接受习惯。只有充分把握受众的文化心理，才能有的放矢地进行报道创作，提高信息的传播效果。

新闻报道要注重对文化差异的敏感性，在内容选择、语言表达、叙事方式等方面充分考虑文化因素的影响。例如，对于某些文化禁忌或敏感话题，报道时要慎重斟酌，避免引起不必要的误解和冲突；对于不同文化圈的价值观念和道德标准，要尊重差异，不随意做出评判；在语言表达上，要注意词汇的文化内涵，减少隐喻、俚语等容易产生歧义的修辞手法。总之，要以包容、审慎的态度对待文化差异，力求在报道中达成不同文化之间的理解和沟通。

新闻报道要善于利用跨文化传播的策略和技巧，化解文化隔阂，增进文化认同。比如，可以在报道中穿插一些不同文化的背景知识，帮助受众理解异质文化；可以讲述不同文化群体和谐相处、互学互鉴的故事，唤起人们对多元文化的包容和欣赏；可以邀请不同文化背景的人士参与报道，提供多元视角，拉近心理距离。通过这些策略，新闻报道能够架起不同文化之间的桥梁，促进文明交流互鉴。

新闻报道还要重视对本国文化的反思和审视。在跨文化传播中，我们不仅要了解他者，也要准确地认识自己。新闻工作者要主动审视本国文化中的优势和不足，客观呈现文化现状，引导人们以平等、理性的态度对待不同文化。只有在反思中不断完善自身，才能更好地与其他文化交流对话，实现共同进步。

新闻报道要以人类命运共同体意识为指引，努力寻求不同文化的共通之处，弘扬人类共同价值。在经济全球化时代，不同民族、国家、文化的命运已经紧密相连。新闻报道要秉持人类命运共同体理念，关注全人类共同面临的问题和挑战，呼吁不同文化背景的人们携手应对，共创美好未来。在报道中，要着力发掘和弘扬不同文化的相通之处，如对真善美的追求、对和平发展的向往等，唤起人们对人类共同价值的认同，增强文明交流互鉴的动力。

（三）实效评估

应关注报道是否准确、客观地呈现了不同文化的特点和价值观。优秀的跨文化新闻报道应深入挖掘文化内涵，避免以偏概全或过度简化，致力于帮助受众全面认识异质文化。这就要求记者具备深厚的文化修养和敏锐的洞察力，能够辨析文化差异背后的深层原因，提炼出具有普适性的人性共鸣。

要评判报道是否有效促进了不同群体之间的理解与包容。优秀的新闻作品不仅要向受众展现文化差异，而且要搭建起沟通的桥梁，唤起人们对多元文化的尊重和欣赏。这就需要记者采用贴近受众的叙事方式，善于利用生动的细节描写和典型事例，将晦涩难懂的文化概念转化为鲜活感人的故事，引发受众的情感共鸣和价值认同。同时，报道还应注重挖掘不同文化的相通之处，彰显人类命运共同体理念，为消除偏见、化解矛盾创造条件。

要衡量报道对于推动社会进步、构建和谐共生的效果。新闻媒体在引领社会价值取向、推动文明交流互鉴方面肩负着重要使命。优秀的跨文化报道应体现人文关怀和社会责任，不仅要揭示问题，更要寻求解决之道。这就要求记者立足文化差异背后的现实语境，深入思考不同社群面临的共同挑战，探寻利益攸关方的诉求和担忧，为政府决策和社会治理提供有益启示，推动形成相互尊重、和衷共济的良性互动。

评估跨文化报道绩效的另一重要视角，是观察报道引发的社会反响和读者互动。随着新媒体时代的到来，受众早已不再是被动的信息接收者，而是兼具传播者和生产者的多重角色。因此，衡量一篇报道的影响力，既要看其点击量、转发量等硬指标，更要关注读者的主动参与度和情感投入度。那些引发广泛讨论、激起深入思考的高质量报道，往往能在传播过程中产生裂变效应，带动更多人参与跨文化交流，唤起更强烈的文化自觉。

跨文化报道的绩效评估还应纳入长期效应的考量。优秀的新闻作品绝非昙花一现，而是应该在推动社会文明进步中发挥持久影响。这就需要媒体工作者秉持战略眼光和历史视野，将独立特写、系列报道等形式相结合，聚焦文化交流互鉴的时代命题，为构建人类命运共同体凝聚共识、汇聚力量。唯有如此，新闻报道才能在不断刷新受众认知、引领社会风尚的同时，为丰富人类文明宝库贡献智慧，在历史长河中留下浓墨重彩的一笔。

三、新闻报道对文化认同的影响

（一）影响机制

具体而言，新闻报道通过以下几个机制影响公众的文化认同：首先，议程设置功能使得新闻媒体能够决定哪些文化议题进入公众视野，哪些被忽略甚至边缘化。通过对特定文化话题的集中报道和反复强调，媒体能够引导公众关注和思考，增强其对该文化的认知度和重视程度。其次，框架理论指出，新闻报道通过选择性地呈现事实，突出特定的解释视角，能够影响受众对事件的理解和评价。在文化报道中，记者采用何种叙事框架、选择何种文化符号，都会对受众产生潜在影响，引导其形成特定的文化印象和态度。最后，培养理论认为，受众长期接触某种文化价值取向的新闻报道，会逐渐内化其中蕴含的文化价值观念，形成与之相适应的认知、情感和行为模式。久而久之，这种培养效果将促使受众形成稳定的文化认同。

当代新闻报道对公众文化认同的塑造，既有积极的一面，也存在一些值得警惕的倾向。一方面，全球化背景下的跨文化报道有助于增进不同文化群体之间的了解和包容，传播人类共同价值，推动多元文化的交流互鉴。新闻媒体适时报道不同国家、民族的文化生活和精神风貌，能够帮助受众开阔视野，学习借鉴异质文化的优秀成果，增强文化自信。另一方面，我们也要警惕一些媒体报道中存在的文化偏见和刻板印象。这些倾向性报道会对公众的文化认知和价值判断产生误导，引发文化认同的偏差和撕裂。

（二）正面影响

新闻报道通过选择报道对象和议题设置，对受众认知产生引导作用。媒体往往选择报道那些能够代表本文化价值观、行为规范的人和事，使之成为文化楷模，引导受众形成对本文化的认同。同时，有关民族文化传统、历史记忆的报道有助于唤起受众的集体记忆，激发文化自豪感，强化文化认同。例如，有关中华文明历史、民族英雄事迹的报道，能够唤起国人的民族自豪感，增强民族认同。

新闻报道对文化符号的广泛传播，促进了文化认同在社会层面的强化。文化符号承载着特定文化的内涵，是文化认同的重要载体。新闻媒体对文化符号的传播使其为更多人所熟知和接受，扩大了文化认同的社会基础。比如，媒体对“孔子”“长城”“京剧”等中华文化符号的广泛报道，增进了海内外民众对中华文化的了解和认同，彰显了中华文化的感召力。

融入人文关怀的新闻报道能够唤起受众的情感共鸣，促进情感层面的文化认同。富有人情味、展现人性光辉的报道更容易打动人心，引发情感共鸣。这种情感体验能够拉近人与人、人与文化之间的距离，成为文化认同的情感纽带。例如，汶川地震中舍己救人的报道、抗疫一线医护人员的感人事迹，生动诠释了中华民族扶危济困、无私奉献的优秀品质，引发了广泛的情感认同，凝聚起万众一心抗震救灾、同舟共济战疫情的强大力量。

（三）负面影响

新闻报道中的文化偏见和刻板印象会对文化认同产生消极影响。在跨文化传播过程中，一些新闻报道可能出于无意或有意地强化某些文化群体的负面形象，使用带有偏见和歧视色彩的语言描述他们的文化特征，导致受众对该文化产生错误认知和负面情绪。长此以往，这种带有偏见的报道会削弱人们对特定文化的认同感，加剧不同文化群体之间的隔阂与对立。

片面和失衡的文化呈现也会对文化认同造成一定冲击。一些新闻报道可能过度关注某一文化的负面问题，如贫困、落后、冲突等，而忽视其积极面和发展潜力。这种不平衡的报道容易让受众形成对该文化的负面印象，动摇他们的文化自信。

全球化语境下的文化同质化倾向也可能削弱文化认同。在新闻报道中，一些强势文化的价值观念和生活方式可能被过度渲染和推崇，而弱势文化的独特性则被忽视或边缘化。这种失衡的文化呈现会导致文化多样性的丧失，引发文化认同危机。当人们过度追捧和模仿外来文化，忽视甚至唾弃本土文化时，他们的文化归属感就会逐渐淡漠，进而陷入文化认同的迷茫。

商业化驱动下的媒体环境也可能加剧文化认同问题。在利益驱动下，一些媒体可能更关注吸引眼球、博取关注的文化话题，而忽视了深度挖掘文化内涵、促进文化交流的责任。这种浮于表面的文化报道可能会误导受众，加深文化误解，从而影响文化认同的建构。

面对新闻报道可能带来的文化认同危机，我们需要采取一系列应对措施。首先，新闻工作者要加强文化敏感性和多元化意识，在报道中尊重文化差异，避免使用带有偏见和歧视的语言，努力呈现多元、立体的文化图景。其次，媒体要加大对弱势文化和本土文化的关注度，通过深入、持续的报道增进受众对这些文化的了解，增强文化自信。最后，受众也要提高文化鉴赏力和批判性思维，对新闻报道中的文化内容进行理性分析，不盲从、不简单化地接受媒体对某一文化的解读，努力构建包容、平等的文化认同。

四、新闻报道中的文化符号运用

（一）文化符号理论基础

文化符号包括语言、图像、声音、动作等多种形式，承载着特定群体的价值观念、审美情趣和思维方式。在新闻报道中，文化符号发挥着至关重要的作用。记者在采写过程中有意识地选取、组合、呈现各类文化符号，一方面有助于生动形象地再现新闻事件，提升报道的感染力和吸引力；另一方面在潜移默化中影响着受众对事件的认知和解读，传播着特定的文化价值取向。

从符号学的视角来看，任何一则新闻报道都可以被视为一个复杂的符号系统。记者通过对客观事实的选择性报道，使用恰当的语言策略，配以相关的图片、音频等多模态元素，共同建构起新闻事件的符号表征。在这个过程中，个体记者的文化背景、价值立场、审美趣味等因素无疑会对其采写方式产生重要影响，但更深层次的则是一种社会文化意识形态的支配。换言之，新闻报道对文化符号的运用，很大程度上反映了主流社会对权力关系、道德伦理等问题的认知和态度。

具体到新闻报道实践，文化符号的运用主要体现在以下几个方面。首先是议程设置功能。通过对特定人物、事件、话题的选择性报道，媒体可以引导受众的注意力，影响公共议程。尤其当某一文化符号被反复使用、集中渲染时，其指涉的对象就可能在社会舆论场中获得突出的地位。其次是框架建构功能。记者在报道中有策略地选用不同的语言风格、叙事视角、论证方式，对相关的人和事赋予独特的意义，塑造出富有感染力的叙事框架。而这种主导性框架一旦为大多数受众所接受，就会转化为一种稳定的社会认知，难以轻易动摇。最后是文化认同功能。新闻报道通过运用本民族的语言、图腾、节庆等文化符号，在与“他者”的对比中强化文化身份，唤起情感共鸣。而对于文化冲突、文化失衡等问题的讨论，也有助于反思文化自觉，探索多元文化的和谐共处之道。

需要指出的是，新闻报道对文化符号的运用并非中性的技术操作，而是与记者个体、新闻组织、社会结构等诸多因素密切相关的。一方面，我们应该看到文化符号在提升新闻报道质量、促进文化交流中的积极作用；另一方面，要警惕其在特定语境下可能产生的负面影响。新闻工作者要以高度的文化自觉和社会责任感，恰当地选择和运用文化符号，既满足受众的多元文化需求，又引导社会价值观念的健康发展。同时，新闻传播研究也应该与时俱进，积极吸收符号学、传播学、文化研究等多学科理论，深入探讨文化符号在媒介文化中的流变与影响，推动相关理论体系的建构与创新。

（二）运用策略

1. 选择具有普遍性和代表性的文化符号

这些符号应该为目标受众所熟悉，能够引起他们的情感共鸣。例如，在报道中国传统节日时，红灯笼、春联、鞭炮等符号就能唤起华人受众的文化记忆，凸显节日氛围。而在报道西方国家时，圣诞树、南瓜灯、火鸡大餐等符号则更能引起当地受众的共情。选择恰当的文化符号，能够拉近新闻报道与受众之间的心理距离，增强信息传播的亲和力。

2. 注重文化符号的语境化使用

脱离特定语境，文化符号的意义就可能被误读或曲解。因此，新闻工作者在引入文化符号时，要充分考虑报道主题、受众背景、传播语境等因素，确保文化符号使用的恰当性。只有根据报道语境灵活调整文化符号，才能真正发挥其传播效力。

3. 善于创造性地转换和再现文化符号

在跨文化传播中，一些文化符号可能因为缺乏对应物而无法被直接使用。此时，新闻工作者就需要发挥创造力，通过转换和再现赋予其新的表现形式。例如，在向西方受众报道中国的“福”字时，可以用四叶草来代替，以唤起他们对幸运、祝福等寓意的理解；在向中国受众报道西方的情人节时，可以用鸳鸯、牛郎织女等本土符号来再现，以引起情感共鸣。创造性地转换文化符号，能够搭建起不同文化之间的理解桥梁。

4. 避免简单化和标签化倾向

每一种文化都有其复杂性和多样性，如果新闻报道过于简单化地使用文化符号，就可能导致刻板印象的产生和强化。例如，在报道中国时，如果动辄使用龙、筷子、功夫等符号，而忽视了中华文化的丰富内涵，不利于加深西方受众对中国的全面认识。新闻工作者必须全面、立体地呈现不同文化，规避标签化倾向，才能真正实现文化符号的传播功效。

五、新闻报道中的文化多样性呈现

（一）多样性的必要性

从新闻专业主义的角度来看，呈现文化多样性是提升新闻报道品质的内在要求。一方面，文化多样性意味着新闻选题的多元化。通过报道不同地域、不同族群、不同群体的文化生活，新闻媒体能够拓宽受众视野，满足其多样化的信息需求。另一方面，文化多样性要求记者深入挖掘事件背后的文化根源，全面、客观地呈现文化现象，避免以偏概全、以点带面。只有立足文化多样性，新闻报道才能真正做到兼容并蓄、追本溯源，从而为受众提供更加全面、深刻的认知视角。

从文化自觉的高度来看，呈现文化多样性有助于增进文化认同、构建和谐社会。任何一种文化都不是孤立存在的，而是在与其他文化的交流互鉴中实现自身的发展。特别是在多民族国家，尊重和保护各民族优秀文化传统，促进不同文化和而不同、和衷共济，是维护国家统一、铸牢中华民族共同体意识的必然要求。新闻媒体通过对不同文化的深入报道，能够帮助受众认识文化差异、理解文化内涵，进而树立文化自信、增进文化认同。同时，对文化共性的挖掘阐释，也有利于在差异中找到共识，在多元中实现和谐，为构建你中有我、我中有你的命运共同体奠定文化基础。

从人类命运共同体的维度来看，呈现文化多样性是应对全球性挑战的必然选择。当今世界，和平发展、合作共赢已经成为不可阻挡的时代潮流。然而，文明冲突、价值对抗的危险依然存在。一些国家奉行文化霸权主义，试图将本国价值观强加于人；一些媒体对异质文化采取偏执、歧视的报道立场，导致文化隔阂甚至对抗。面对这些挑战，新闻媒体更应该本着兼容并蓄的文化态度，尊重世界文明的多样性，用心用情讲述不同民族的文化故事，促进不同文明交流互鉴、和谐共生。唯有如此，人类社会才能携手应对共同挑战，共创美好未来。

（二）实现方式

作为连接社会与公众的纽带，新闻媒体肩负着传播文化、促进交流的重要使命。然而，现实中许多报道为迎合大众口味，过度强调“奇特性”和“异国情调”，对少数群体的风俗习惯进行简单化、刻板化的描述，忽视了文化内涵的丰富性和独特性。长此以往，不仅加深了文化偏见，而且阻碍了不同群体之间的理解与沟通。

要扭转这一困境，新闻工作者就要加强文化修养，树立平等、开放的心态。通过文献梳理、实地采访等方式，深入了解不同文化的历史渊源、发展脉络，全面把握其核心理念和时代价值。在报道中，要以客观、中立的立场呈现文化现象，避免使用带有偏见和歧视色彩的措辞，如“落后”“愚昧”等。同时，要突出文化的内在精神和人文内涵，引导受众透过表象看本质，感悟文明的多样性与包容性。例如，在介绍不同民族的服饰时，可以追溯其形成过程中的哲学思想、伦理道德观念，揭示其中蕴含的生态智慧和人与自然和谐共生的理念，引发受众对生活方式多样性的思考。

此外，新闻报道还应该为不同文化群体提供表达诉求、展示自我的平台。例如，记者在报道移民社区时，可以深入一线，采访不同年龄、不同职业的移民，呈现他们的生活状态、情感体验和价值追求，展现移民群体内部的多样性，消解大众的成见和偏见。同时，还要关注不同群体的互动交流，报道多元文化在碰撞融合中产生的心灵对话和智慧火花，让公众感受文明交流的魅力。

新闻报道中的文化多样性呈现绝非易事，它考验着新闻工作者的文化素养、职业操守和社会责任感。唯有不断加强学习，提高认知，才能更好地捕捉文化现象的多面性、复杂性，客观、全面地再现社会图景。同时，要以独立、负责的态度对待报道对象，既要尊重差异，彰显特色，又要挖掘共性，促进融合。只有媒体与社会各界共同努力，在新闻报道中积极塑造多元文化图景，才能营造海纳百川、兼容并蓄的社会氛围，为人类文明进步贡献力量。

（三）挑战与应对

记者在报道不同文化时，需要克服自身文化背景和价值观的局限，以开放包容的态度去理解和尊重异质文化。这对记者的文化敏感性和跨文化沟通能力提出了较高要求。同时，在有限的版面或时长内全面展现一种文化的方方面面也绝非易事，如何选取恰当的切入点和表现方式，既突出文化特色，又不失客观平衡，考验着记者的职业素养和业务能力。

面对这些挑战，新闻工作者需要采取多管齐下的应对措施。第一，加强文化多样性教育和跨文化交流培训，提升记者的文化敏锐度和包容度。通过系统学习和实践演练，记者可以更好地洞察和理解不同文化，用更加专业、审慎的方式进行报道。第二，深入一线，扎根文化现场，与不同文化背景的当事人充分互动。唯有贴近生活，沉浸于异质文化环境中，记者才能真切感受文化的鲜活与独特，获得第一手的原生态素材。第三，创新报道方式，综合运用文字、图片、音视频等多种手段，多角度、多侧面地展现文化内涵。借助融媒体技术，记者可以打破版面和时长的限制，更加立体地再现文化风貌。第四，坚持人本理念，聚焦普通个体的真实经历和情感体验。从宏大叙事转向具体生动的人物故事，以小见大，以点带面，更能打动受众，引发共鸣。

文化的多样性是人类宝贵的精神财富，新闻报道理应成为传播和弘扬这一财富的重要渠道。在文化趋同的时代，用心呈现不同民族、不同地域、不同群体的特色文化，既是新闻媒体的社会责任，也是增进人类文明互鉴、构建人类命运共同体的应有之义。这需要全体新闻工作者不断加强学习，提升素养，以专业精神和人文情怀投身文化报道，做文化多样性的积极倡导者、坚定维护者。唯其如此，方能推动不同文化在平等、尊重的基础上实现交流对话、互学互鉴，共同为人类文明进步贡献力量。

第二节　社交媒体中的文化交流

一、社交媒体平台的文化传播机制

（一）平台架构与文化传递效率

从信息流动的角度来看，社交媒体平台的核心在于连接用户，打造高效的信息传递渠道。这就要求平台在功能设置上做到简洁易用，降低用户参与门槛；在信息推荐上做到精准高效，让优质内容脱颖而出；在社交互动上做到便捷有趣，调动用户分享和讨论的积极性。一个布局合理、体验流畅的社交媒体平台，能够最大限度地消除时空阻隔，让文化内容在用户间快速传递和扩散。

社交媒体平台的开放性也是影响文化传播的关键因素。相较于传统媒体，社交媒体赋予了每一个用户表达和传播的权利。在一个开放包容的社交媒体生态中，多元文化能够平等对话，小众文化能够获得曝光，边缘话语能够被聆听。这种去中心化的传播机制，有利于文化的交融与创新，让更多元化、更立体的文化图景在网络空间中展开。

（二）用户行为与文化内容生产

在社交媒体时代，用户创造力得到了前所未有的释放。每个人都可以利用社交媒体平台表达自我、分享见解、展示才华。这种自由、开放的氛围激发了用户的创作热情，催生出丰富多元的文化内容。无论是文字、图片、音频还是视频，都成为用户抒发情感、传递价值观念的载体。“用户生产内容”已经成为社交媒体平台的重要组成部分，它不仅丰富了文化生活，也推动了文化创意产业的发展。

用户在社交媒体中的互动和传播行为，对文化内容生产产生了深远影响。通过点赞、评论、转发等方式，用户表达对文化内容的喜好和看法，形成了一种群体智慧和集体创造。优质的文化内容在用户互动中脱颖而出，得到广泛传播和认可；而低质、失实的内容则会受到质疑和批评，难以长久流传。可以说，用户行为在一定程度上决定了文化内容的生命力和影响力。同时，用户之间的社交关系网络，也为文化内容的精准传播提供了便利。基于共同兴趣爱好而形成的社群，使得文化内容能够触达特定受众，产生更大的影响和共鸣。

（三）算法推荐与文化多样性

具体而言，社交媒体算法推荐的文化同质化倾向主要体现在以下几个方面。首先，算法往往基于用户过去的浏览历史和互动行为，向其推荐类似的文化内容，这种“以偏概全”的推荐逻辑容易强化用户原有的文化偏好，而忽视了其他文化形态的存在。其次，热门文化内容往往能够获得更多的曝光和传播，形成“马太效应”，进一步加剧了文化生态的不平衡。此外，商业化的社交媒体平台倾向于迎合大众品位，推荐更能吸引流量和广告收益的内容，导致边缘文化和小众文化难以获得应有的关注。

我们也应看到，社交媒体算法在促进文化多样性方面同样具有独特优势。算法能够精准地将小众文化内容推送给潜在的受众群体，为文化的“长尾传播”提供了可能。一些社交媒体平台还尝试优化算法，纳入更多元化的推荐指标，如新颖性、多样性等，以缓解“信息茧房”效应。此外，社交媒体也为不同文化背景的用户提供了直接对话和互动的渠道，有利于文化的交流与融合。用户还可以利用社交媒体主动搜索和探索不同的文化内容，突破算法推荐的局限性。

二、社交媒体中的跨文化互动

（一）跨文化交流的社交网络动力学

社交媒体打破了传统的信息传播壁垒，极大地促进了文化内容的跨国流动。在社交网络中，任何用户都可以成为信息的生产者和传播者。一个发布在美国的帖子，可能瞬间被来自中国、印度、巴西等国的用户转发和评论。这种快速、广泛的信息扩散使得不同文化背景下的用户能够直接接触彼此的思想观点、生活方式和价值取向，加深相互理解。

社交媒体为不同文化群体提供了平等对话的平台。在现实生活中，由于语言、地域、身份等因素的限制，不同文化背景的人们往往难以直接交流。而在社交网络空间，这些障碍被最小化了。无论是普通民众还是社会精英，都可以通过社交媒体表达自己的声音，参与公共讨论。这种去中心化的交流模式有助于在不同文化群体之间建立起更加平等、包容的关系。

社交媒体正在塑造一种新的全球化文化认同。伴随着跨文化交流的日益频繁，许多社交媒体用户开始超越本国文化的局限，形成一种超越国界的文化认同。他们关注全球性议题，对来自不同文化的观点持开放态度，积极参与跨国社交网络。这种去地域化的文化认同有助于培养世界公民意识，推动人类命运共同体的构建。

社交媒体中的跨文化互动也存在一些值得关注的问题。文化差异有时会导致误解和冲突。一些用户可能因为缺乏背景知识，对他国文化有简单化、刻板化的误读。在热点事件中，这种误解甚至可能演变为网民之间的对抗。此外，社交媒体上的信息过载问题也给跨文化理解带来挑战。海量的信息可能会淹没深度的文化对话，用户很容易陷入浅表化的信息消费。

针对这些问题，一些社交媒体平台正在采取措施，促进更加理性、深入的跨文化对话。一些媒体机构也在社交平台上开设多语言账号，用本土化的方式向外国受众介绍本国文化。同时，加强社交媒体素养教育也十分必要，引导用户在交流中秉持开放、尊重的态度，提高文化理解能力。

（二）语言与翻译技术在跨文化互动中的角色

从技术层面来看，机器翻译是社交媒体跨语言互动的重要基础。近年来，深度学习等人工智能技术的快速发展极大地提升了机器翻译的质量和效率。越来越多的社交媒体平台开始引入神经网络机器翻译（NMT）系统，利用海量语料库训练翻译模型，实现了接近人工翻译的效果。

与此同时，社交媒体平台还注重优化面向用户的翻译功能和界面设计。许多平台为用户提供一键翻译、双语对照显示等便捷功能，降低了语言障碍带来的交互成本。一些平台甚至引入了同声传译技术，让用户能够实时地跟进多语言音视频内容。这些面向用户体验的优化，极大地促进了社交媒体中不同语言群体之间的交流互动。

从文化层面来看，语言和翻译技术的应用有助于加深不同文化之间的理解和包容。一方面，借助翻译工具，不同文化背景的用户能够直接交流彼此的生活方式、价值观念和审美情趣，拓宽视野，消除偏见。另一方面，翻译技术的普及为弱势语言群体提供了表达和传播的平台，让边缘文化获得更多关注和理解的机会。这种多元文化交流的氛围，有利于培养用户的文化敏感性和包容性，推动构建和谐、互信的网络社交环境。

（三）社交媒体策略在促进全球对话中的应用

社交媒体策略的核心在于创造吸引人的内容，激发跨文化受众的兴趣和参与。这需要对目标受众的文化背景、价值观念和沟通方式有深入的了解。企业和个人可以通过研究不同文化的社交媒体使用习惯，调整内容的风格和呈现方式，以更好地吸引和触动特定文化群体。例如，针对某些注重视觉传达的文化，可以侧重于制作引人入胜的图片和视频内容；而对于重视语言表达的文化，则可以通过生动、富有感染力的文字叙述来吸引受众。

除了内容创作，社交媒体策略还需要考虑平台的选择和运营方式。不同的社交媒体平台在不同文化中的受欢迎程度和使用方式可能存在差异。因此，企业和个人需要根据目标受众的偏好，选择最适合的平台来传播信息和开展互动。同时，在运营过程中，要注意尊重不同文化的价值观和禁忌，避免因文化失误而引起冲突或误解。通过对平台的精细化运营和管理，企业和个人可以营造一个包容、友好的跨文化交流氛围。

社交媒体策略的另一个重要方面是利用先进的技术工具，突破语言障碍，实现无国界的沟通。随着人工智能和机器翻译技术的不断进步，企业和个人可以借助这些工具，将内容实时翻译成多种语言，让来自不同语言背景的受众都能无障碍地理解和参与讨论。这大大拓宽了跨文化交流的范围和深度，使全球对话变得更加便捷和高效。

社交媒体策略的成功实施，还需要建立一支多元化的团队，其中包括来自不同文化背景的成员。这样的团队能够为内容创作和平台运营提供多元文化视角，确保策略的制定和执行能够兼顾不同文化的需求和感受。通过团队成员的交流和协作，可以碰撞出更多跨文化交流的创意和灵感，不断优化和创新社交媒体策略。

企业和个人还可以通过社交媒体策略，积极参与和推动与文化交流相关的社会议题讨论。通过发起或参与有意义的话题，如文化多样性、包容性、全球化等，企业和个人可以展示自己的价值主张，提高品牌形象和社会影响力。这不仅有助于加深与跨文化受众的联系，也能为推动全球文化交流贡献一份力量。

三、社交媒体对文化认同的影响

（一）社交媒体如何塑造个人和集体的文化认同

社交媒体为个体提供了前所未有的自我表达和展示平台。用户可以通过个人主页、状态更新、图片视频等方式塑造自己的网络形象，传达个性化的价值观念和生活方式。这种自我呈现的过程实际上是一种身份建构，个体借助符号化的表意实践，不断确认和强化自我认同。与此同时，社交媒体上多样化、差异化的信息也在潜移默化中影响着个体的自我理解。接触到不同文化背景下的思想观念，用户的认知视野得到拓展，个人身份认同也变得更加多元和包容。

社交媒体为个体提供了新的集体归属和群体认同。用户可以根据自身兴趣爱好，加入各种主题社团和兴趣小组，与志同道合者交流互动。在频繁的信息交换与情感联结中，群体意识和集体认同逐渐形成。这种“部落化”的社交媒体社群，既有可能加强对特定文化身份的认同，如民族身份、地域身份等，又有可能催生新的亚文化群体，如粉丝团体、网络部落等。无论如何，社交媒体为个体提供了全新的集体想象和身份认同。

社交媒体中的跨文化互动也在不断重塑个人和集体的文化认同。数字技术打破了地理和社会隔阂，用户可以在网络空间中直接与异质文化群体交流，了解和学习彼此差异的生活方式和价值观念。这种跨文化对话不仅有助于消除偏见和刻板印象，增进不同群体间的理解与包容，也促进了个体文化视野的开阔和认同的重构。文化相对主义的意识在社交媒体中悄然生根，单一、狭隘的文化认同逐渐让位于多元、复合的身份建构。

（二）不同文化背景下社交媒体的接受度和适应性

文化价值观念深刻影响着个体对社交媒体的认知和使用行为。在个人主义文化中，人们更加重视自我表达和个性张扬，社交媒体成为其展示自我、维系人际关系的重要平台。相比之下，集体主义文化更强调群体归属感和社会和谐，个人在社交媒体上的行为更加谨慎和克制，以避免破坏既有的社会秩序。这种文化差异导致了不同地区民众对社交媒体的接纳程度存在明显分歧。

社会发展水平和技术基础设施的完善程度在很大程度上决定了社交媒体的普及率和使用体验。在经济发达、网络设施完备的地区，社交媒体已经深度融入人们的日常生活，成为工作、学习、娱乐等多个领域不可或缺的工具。而在经济欠发达、数字鸿沟严重的地区，受制于设备、网络、技能等因素的限制，社交媒体的渗透率相对较低，使用体验也难以达到理想水平。这种差异性使得不同地区的民众对社交媒体的适应能力存在显著落差。

教育水平的高低在很大程度上影响着民众对社交媒体的认知和使用能力。受教育程度较高的群体通常具备更强的信息获取、识别和分析能力，能够辨识社交媒体中的虚假信息，抵御网络谣言和舆论操纵。同时，良好的教育背景也使其更加重视社交媒体的伦理道德规范，主动承担维护网络生态健康的社会责任。相比之下，文化水平较低的群体更容易受到网络谣言和极端言论的蛊惑，缺乏必要的辨识能力和责任意识，进而加剧社交媒体生态恶化。

（三）社交媒体中文化冲突与和解的过程

化解社交媒体中的文化冲突需要多方共同努力。首先，平台应完善相关的社区规范和管理机制，及时遏制不当言论的传播，为理性讨论创造良好环境。鼓励用户举报各类仇恨、歧视性言论，加强平台内容审核和把关。其次，加强社交媒体使用者的文化意识和人际交往素养。引导用户在表达观点时兼顾文化差异，用换位思考、同理心等方式增进相互理解，学会尊重差异、包容多元。最后，高校、社区等社会各界应积极开展跨文化交流实践活动，通过线上线下相结合的方式，促进不同群体间的深入互动，化解隔阂与偏见。

愈演愈烈的文化冲突往往缘于交流不足。只有用开放、包容的心态看待文化差异，用理性、良性的互动模式探讨分歧，才能在社交媒体这个大熔炉中实现多元文化的交融互鉴。我们要充分认识社交媒体在跨文化交流中的独特优势，努力消除使用过程中潜在的文化隔阂，让这个平台成为增进不同群体间理解、传播人类优秀文化的有效渠道。文明冲突从来不是解决问题的好办法，在社交媒体时代更是如此。唯有在交流中求同存异、在互鉴中扩大共识，世界各国人民才能共享文明成果，共创人类社会的美好未来。

四、社交媒体中的文化符号传播

（一）社交媒体中的文化符号与意义建构

在社交媒体的语境下，文化符号不再局限于传统的语言文字，而是呈现出多模态、互动性的特点。图片、视频、表情包等多样化的符号形式，为文化内涵的传递提供了更为丰富、生动的表达方式。同时，社交媒体平台的互动、转发、评论等功能，也使得文化符号的意义建构成为一个动态、开放的过程。

在这一过程中，社交媒体用户扮演着至关重要的角色。不同文化背景、价值观念的用户，对同一文化符号的解读和阐释往往存在差异。这种差异性一方面反映了文化的多元性和包容性，另一方面为文化符号的意义建构带来了更多可能性。通过对文化符号的选择、使用和再创造，用户实现了自我表达和身份认同，进而推动了群体亚文化的形成。网络流行语、“老铁文化”等现象，正是社交媒体语境下文化符号意义建构的生动体现。

（二）网络迷因与文化趋势的形成

从传播学的角度来看，网络迷因的传播具有病毒式扩散的特点。一个成功的迷因往往能够在短时间内引发广泛的模仿和二次创作，迅速占据社交媒体用户的注意力。这种爆炸式的传播效应，使得迷因成为引领网络文化潮流的重要力量。许多迷因通过与热点事件、社会议题的结合，催生出新的文化话语和价值观念，引发公众的集体讨论和思考。同时，迷因也常常跨越国界和文化障碍，在全球范围内流行开来，成为连接不同文化背景人群的桥梁。

网络迷因对文化趋势的影响还体现在其独特的审美取向和表达方式上。迷因通常采用夸张、戏仿、反讽等手法，挑战传统的审美规范和价值观念。这种颠覆性和实验性的创作风格，为网络文化注入了新的活力和创造力。许多迷因通过对流行文化符号的解构和重组，创造出新的意义和美学体验，推动了文化形式的不断创新。同时，迷因也为草根群体提供了表达自我、参与文化生产的渠道，使得文化趋势的形成更加多元化和民主化。

（三）媒体素养与判读社交媒体里的文化符号

培养学生解读社交媒体文化符号的能力，需要引导其认识符号的多重意义。任何一个文化符号都不是孤立存在的，它们往往与特定的社会文化背景紧密相连。同一个表情或词汇在不同语境下可能有完全不同的内涵。教师要帮助学生厘清符号意义形成的机制，理解其背后所蕴含的文化价值观念。例如，表情包作为一种流行的表情符号，常常借助夸张的画面、互文的构成表达戏谑、调侃的情绪。教师可以引导学生分析表情包的视觉元素、创作手法，揭示其喜剧效果的表达机制，进而帮助学生领会该文化符号所代表的亚文化群体的审美趣味和价值诉求。

教师应培养学生以开放、包容的心态看待社交媒体中的多元文化景观。在社交网络时代，不同地域、不同群体的文化符号交织碰撞，形成了丰富多彩又充满张力的文化景观。一方面，这为人们的交往互动、彼此理解带来了机遇；另一方面，文化差异也可能在网络空间中被无限放大，成为矛盾冲突的导火索。教师要引导学生用欣赏和理解的眼光看待社交媒体中的文化差异，在差异中发现共性，在交流中求同存异。例如，不少短视频创作者通过模仿等方式演绎经典影视作品片段，制造幽默、戏仿的效果。教师可以引导学生思考这些作品如何打破文化界限，用一种包容的态度对待不同时代、不同类型的文化产品。

教师要提高学生运用社交媒体文化符号进行自我表达和社交互动的能力。社交媒体为人们提供了一个展示自我、交流观点的广阔平台，但如何恰当、得体、有创意地运用丰富的文化符号进行表达，则需要一定的技巧和修养。教师可以通过示范和点评，帮助学生领会文化符号的运用得当与否，提高其辨别和驾驭复杂语境的本领。例如，教师可以选取学生在社交媒体发布的内容，分析其中图文、音频、视频等要素的使用效果，点明优化的思路；面对网络论坛中的激烈讨论，教师可以示范如何运用机智幽默的语言化解对立情绪，创设理性交流的氛围。通过潜移默化地引导，学生不仅能掌握社交媒体语境中各类文化符号的运用技巧，而且能形成积极向上的网络交往风尚。

除了注重学生个体的能力培养，教师还应发挥社交媒体的互动功能，在实践中加强学生对文化符号的综合运用。教师可以开设专题讨论、组织协作项目等形式，让学生在群体互动中切磋技艺、相互启发。例如，教师可以布置一项短视频创作任务，要求学生运用丰富的文化符号资源，就同一社会热点问题表达不同观点。学生既要在视频内容上有所创新，又要在呈现方式上有所讲究，既考验其议题分析能力，又考验其媒介驾驭能力。在同伴互评中，学生可以相互学习借鉴，交流思想感悟，在同侪压力的驱动下不断改进、提升。

第三节　数字化媒介中的文化交流

一、数字化媒介的定义与特征

（一）数字化媒介定义解析

从信息生产的角度来看，数字化媒介彻底解放了信息生产力。数字化媒介的出现，使得人人都可以成为信息的生产者。借助数字化技术和网络平台，任何人都可以随时随地创作和发布信息，表达自己的观点和看法。这种“草根”式的信息生产模式，极大地丰富了信息的内容和形式，满足了人们多样化的信息需求。

从信息传播的角度来看，数字化媒介打破了时空的限制，实现了信息的全球化、即时化传播。在数字化媒介环境下，信息可以瞬间传遍全球每一个角落，不受地理位置和时区的限制。这种即时传播的特点，使得信息的时效性大大提高，人们可以第一时间了解世界各地发生的新鲜事件。同时，数字化媒介还具有海量传播的特点。庞大的信息存储和处理能力，使得海量信息可以快速传播和共享，为人们提供了丰富多样的信息资源。

从信息接受的角度来看，数字化媒介最显著的特点是交互性。与传统媒介单向传播、被动接受的模式不同，数字化媒介为用户提供了参与互动的机会。用户不再是单纯的信息接受者，而是可以主动选择感兴趣的信息，对信息内容进行评论、转发和再创造。这种交互式的信息接受方式，增强了用户的参与感和体验感，使其从被动的受众转变为主动的参与者。

数字化媒介的出现，还催生了全新的信息传播生态。在这一生态中，信息呈现出多元化、碎片化、个性化的特点。海量的信息资源为用户提供了多样化的选择，但同时也导致了信息的碎片化和过载。面对纷繁复杂的信息，用户需要具备一定的信息素养，学会甄别和筛选有价值的信息。此外，数字化媒介还带来了信息传播的个性化趋势。借助大数据和算法技术，数字化媒介可以根据用户的兴趣爱好、行为习惯等，为其推送个性化的信息内容，满足用户的个性化需求。

数字化媒介的革命性影响，还体现在对传统媒介形态的冲击和重构上。报纸、杂志、广播、电视等传统媒介，都在数字化转型的浪潮中寻求变革和突破。它们纷纷利用数字化技术，拓展传播渠道，创新呈现方式，力求在数字化媒介环境下焕发新的生命力。与此同时，数字化媒介也促进了不同媒介形态的融合与协同。报纸可以借助数字化平台，实现内容的音视频化呈现；广播电视则可以利用网络渠道，提供视频点播和互动服务。媒介融合成为大势所趋，丰富了媒介形态，创造了全新的传播生态。

（二）特征阐述

1．互联性

互联网将世界各地的人们紧密联系在一起，打破了时空的界限，使跨文化交流变得前所未有的便捷。人们可以通过社交媒体、在线论坛、视频会议等数字化平台，实时分享信息、交流思想，了解不同文化的风土人情。这种“零距离”的互动模式，大大拓展了文化交流的广度和深度，促进了文明的互鉴与融合。

2．即时性

数字化媒介的即时性特征，使得文化信息的传播速度大幅提升。一个重大事件的发生，可以通过互联网迅速传遍全球，引发不同文化背景下的讨论和反响。这种实时互动的文化交流方式，增进了人们对彼此的理解和认同，有利于消除偏见和误解，促进文化间的平等对话。同时，数字化媒介还打破了传统的文化传播格局，赋予了普通民众表达自我、传播文化的权利。草根文化、亚文化等多元文化形态，借助数字平台得以展示和传播，丰富了文化生态的多样性。

3．定制化

数字化媒介的定制化特征，满足了人们个性化的文化需求。算法推荐、智能筛选等技术手段，能够根据用户的兴趣爱好、行为习惯，精准推送符合其喜好的文化内容。这种“千人千面”的个性化文化服务，一方面提升了用户的文化获得感和参与感，另一方面促进了文化创意产业的发展。数字出版、网络文学、在线教育等新业态不断涌现，既满足了用户的多元化需求，也创造了文化交流的新形式。

二、数字化媒介在文化传播中的作用

（一）传播速度的加快与文化传播的即时性

一方面，数字化媒介打破了传统媒体的时间和空间限制，使得文化信息能够在极短的时间内传递到全球各地。人们不再受制于地理位置的限制，可以随时随地接收来自世界各地的文化信息，了解不同国家和民族的风土人情、历史文化，拓宽自己的文化视野。另一方面，数字化媒介大大提高了文化传播的交互性和参与度。在传统的文化传播模式下，受众往往处于被动接受的地位，很难与文化传播者进行直接对话和交流。而数字化媒介为人们提供了便捷的互动平台，使得每个人都能够参与到文化传播和创造的过程中来。无论是分享自己的文化体验，还是对他人的文化观点进行评论和讨论，都能够实现即时的文化交流，激发新的文化思想和创意的碰撞。

数字化媒介带来的文化传播即时性，不仅改变了文化传播的时空格局，也深刻地影响了人们的文化生活方式。借助于数字化媒介，人们能够更加便捷、高效地获取文化资源，满足自己多元化的文化需求。同时，数字化媒介也为文化创意产业的发展提供了广阔的空间。许多文化创意工作者利用数字化平台展示自己的创意作品，与世界各地的受众进行实时互动，获得创作灵感和发展机遇。数字化媒介催生了众多新的文化业态和商业模式，如网络文学、数字音乐、在线教育等，极大地丰富了人们的文化生活，推动了文化产业的创新发展。

（二）个性化与群体化的双向推动作用

数字化媒介的个性化特性为用户提供了定制化的信息获取和交互体验。每个用户可以根据自己的兴趣爱好、知识背景、生活方式等，选择接收特定类型、特定领域的信息，实现信息获取的个性化。同时，数字化媒介还能基于用户的浏览历史、搜索记录、社交关系等数据，利用算法为其推荐感兴趣的内容，满足个性化需求。这种个性化的信息获取方式，不仅提高了信息的针对性和实用性，也增强了用户的参与感和黏性。

与此同时，数字化媒介的群体化特征为文化交流提供了广阔的平台。在社交媒体、论坛、博客等数字化平台上，拥有共同兴趣、爱好、价值观的用户能够跨越时空限制，汇聚成虚拟群体，开展深入交流和互动。这些群体成员之间不仅分享信息、交换意见，还能协作创作、共同学习，激发群体智慧，催生新的文化形态。群体化的交流方式加速了文化的传播与融合，推动了多元文化的交流与碰撞。

个性化与群体化的双向推动，使得数字化媒介成为文化交流的重要载体和催化剂。一方面，个性化的信息获取满足了用户的多样化需求，促进了小众文化、亚文化的生存与发展；另一方面，群体化的交流方式为这些小众文化、亚文化的传播提供了土壤，使其得以在更大范围内被认知、被欣赏。个性化和群体化的有机结合，构建起多层次、立体化的文化交流生态，为文化的创新与发展注入了持久动力。

三、数字化媒介对文化多样性的影响

（一）多元文化的展示平台与传播效应

数字化媒介为弱势文化和小众文化的生存发展创造了条件。在传统的文化传播格局下，边缘文化等难以得到充分展示的机会。在网络平台上，这些文化可以找到自己的位置，通过文字、图像、视频等方式，向世界展示自身的独特魅力。数字化媒介的开放性、互动性特征，为弱势文化的传播和保护提供了有力支持。

与此同时，数字化媒介也对文化多样性带来了新的挑战。在信息过载的网络环境中，优质文化内容与低俗、同质化的内容混杂在一起，用户很容易迷失在纷繁复杂的信息洪流中。一些商业化的网络平台，出于流量和利益的考量，往往倾向于推送娱乐性、感官刺激性强的内容，而忽视了深度、品质和多元性。这种现象可能导致文化生态的失衡，影响公众的文化鉴赏力和审美情趣。

此外，数字鸿沟问题也制约着文化多样性在网络空间的充分体现。由于经济、教育、技术条件的差异，不同国家、地区、群体在接入和使用数字化媒介方面存在着显著差距。数字鸿沟的存在，意味着许多困难群体无法平等地参与网络文化生活，他们的声音和诉求难以被充分表达和传播，文化交流的广度和深度也受到限制。

面对这些机遇与挑战，我们需要采取积极的应对策略。首先，要加强优质文化内容的创作和传播，提升网络平台的文化品位，为用户提供丰富多元、深刻有趣的文化产品。其次，要加大对弱势文化的扶持力度，通过专项资金、传播渠道等方式，帮助它们在数字化媒介上展示自身的独特价值。再次，要加快网络基础设施建设，缩小数字鸿沟，为更多人提供平等接入和使用数字化媒介的机会。最后，要加强媒介素养教育，提高公众对文化多样性的认知和欣赏能力，培养理性、审慎的网络文化消费习惯。

（二）数字鸿沟与文化多样性的挑战

数字鸿沟限制了困难群体表达和传播自身文化的机会。处于数字鸿沟下游的群体往往缺乏接触和使用数字媒介的条件，难以利用数字平台展示其独特的文化遗产和创意产品，这不仅减少了这些文化得到广泛认知和欣赏的可能性，也限制了它们与其他文化交流融合的机会。长此以往，一些弱小的文化形式可能面临边缘化乃至消亡的风险，文化生态的多样性遭受威胁。

数字鸿沟加剧了文化霸权问题。在数字传播时代，掌握话语权的往往是那些在信息技术和资本方面占据优势的群体。他们利用数字媒介的广泛影响力，大量传播自身的文化价值观和生活方式，对处于数字鸿沟另一端的文化形式形成“降维打击”。这种不平等的文化竞争可能导致强势文化对弱势文化的同化和替代，削弱文化多样性的基础。

数字鸿沟还可能加深文化隔阂和对立。不同文化群体之间的交流互鉴是维系文化多样性的重要途径。然而，当不同群体因数字鸿沟而长期处于信息不对称状态时，他们对彼此的文化缺乏了解和体认，容易产生偏见和误解，进而引发文化冲突。这不仅不利于多元文化的和谐共处，也可能激化社会矛盾，动摇文化多样性赖以存在的社会基础。

四、数字化媒介与跨文化交流的互动

（一）交互平台的构建与跨文化理解的促进

交互平台的设计应充分考虑文化多样性，为不同文化背景的用户提供友好、包容的交流环境。这不仅体现在用户界面的语言、符号等表层因素，更渗透到平台的功能设置、互动机制等深层结构。例如，平台可以提供文化词典、交流礼仪指南等工具，帮助用户跨越文化障碍，建立有效沟通。另外，平台还应设置文化主题讨论区、多元文化展示空间等专门板块，鼓励用户分享各自的文化体验、交流文化见解，促进文化互鉴与融合。

交互平台的跨文化理解功能，体现在对文化冲突的化解和管理。不同文化背景的用户在交流过程中难免会产生分歧和矛盾，这既源于文化差异本身，也可能来自言语表达的偏差。对此，平台应建立完善的冲突预警和调解机制，通过大数据分析识别潜在的文化冲突风险，由专业的跨文化交流师的适时介入，化解矛盾，促进理解。同时，平台还应制定明确的行为规范和管理办法，对违反跨文化交流基本伦理的言行进行必要制约，营造理性包容的交流氛围。

交互平台对跨文化理解的促进作用，离不开用户的主动参与和体验分享。平台应采取多种方式调动用户的积极性，鼓励其通过交互实践深化对不同文化的理解和反思。例如，平台可以定期举办跨文化交流主题活动，邀请用户分享在平台上的跨文化交流经历和感悟，评选优秀案例并给予奖励。这不仅能激发用户的参与热情，也能形成示范效应，带动更多人投入到跨文化理解的实践中来。用户在交互中产生的真知灼见，也为平台优化跨文化交流机制提供了宝贵经验。

（二）数字化媒介下的文化差异和融合策略

从理论层面来看，数字化媒介的互动性、即时性等特征为跨文化交流提供了有利条件。在数字媒介的平台上，个体可以突破时空限制，与来自不同文化背景的人直接对话，了解彼此的生活方式、价值观念和思维模式。这种面对面的交流有助于消除偏见和成见，增进相互理解。同时，数字化媒介提供了丰富多样的表达方式，如文字、图像、音频、视频等，使得不同文化的内容能够以更生动、直观的形式呈现，降低了跨文化交流的门槛。

然而，在实践中推动数字化媒介环境下的文化融合仍面临诸多挑战。首先，数字鸿沟的存在导致不同群体接触和使用数字媒介的机会不均等，这可能加剧已有的文化隔阂。其次，数字媒介中信息过载和碎片化的特点可能干扰个体对异质文化的深入了解。最后，数字媒介也可能成为文化冲突的新战场，一些极端言论和行为在网络空间被放大，加剧了文化对立。

针对这些挑战，促进数字化媒介中的文化融合需要多方协同努力。在国家层面，应加大信息基础设施建设，缩小数字鸿沟，为不同群体平等参与跨文化交流创造条件。在平台层面，应加强内容管理和引导，营造包容、理性的网络文化氛围。在个体层面，应提升媒介素养，主动接触和了解不同文化，以开放包容的心态看待文化差异。同时，通过线上与线下相结合的方式，如组织跨文化主题的交流活动、开设相关课程等，营造良性互动的场域。

学校和教育工作者在推动数字媒介环境下的文化融合中也大有可为。一方面，学校应将提升学生跨文化交流能力作为教育目标，开设相关课程，引导学生在数字媒介中展开有效互动。另一方面，教师作为文化传播的重要主体，应主动适应数字化发展，利用数字媒介开展多元文化教学，引导学生树立正确的文化观，成为跨文化交流的积极参与者和推动者。

五、数字化媒介在文化保护与传承中的应用

（一）文化遗产数字化

文化遗产数字化是利用计算机技术、多媒体技术、网络技术等现代信息技术手段，对文化遗产进行采集、存储、处理、再现和传播的过程。它不仅涉及文物古迹、历史文献、非物质文化遗产等有形和无形文化遗产的数字化记录与展示，还包括利用虚拟现实、增强现实等技术手段，为公众提供沉浸式、交互式的文化体验。与传统的文化遗产保护方式相比，数字化技术具有存储容量大、检索便捷、展示方式多样、传播范围广泛等独特优势。

数字化为文化遗产保护提供了创新路径。首先，高精度的三维扫描和数字建模技术，能够精准记录文物的形态、纹饰、材质等细节信息，为文物研究、修复、复原提供翔实的数据支持。其次，海量的存储空间和便捷的检索功能，使文化遗产资源能够得到更加完整、系统的保存和管理，降低了历史文献、档案资料等的流失风险。最后，数字化展示突破了时空限制，让观众足不出户就能欣赏到世界各地的文化瑰宝，大大拓宽了文化遗产的传播渠道。此外，虚拟现实、增强现实等新兴技术的应用，让历史场景得以重现，文化遗产“活”了起来，增强了传统文化的吸引力和感染力。

（二）数字化技术在非物质文化遗产传承中的作用

数字化技术能够为非遗保护提供强大的技术支持和传播渠道。通过数字化采集和处理，非遗资源可以以文本、图像、音频、视频等多种形式得到完整、真实地记录和保存，形成永不褪色的数字档案。这不仅有利于抢救、保护濒危的非遗项目，防止其随着传承人的凋零而消失，也能为后世研究、传承、利用非遗资源提供珍贵的原始素材。同时，数字化展示和传播平台，如网站、数据库、虚拟博物馆等，能够打破时空限制，让更多人便捷地了解、欣赏、学习非

遗知识和技艺，极大地拓展了非遗传播的广度和深度。

数字化技术还能促进非遗的创新性传承和转化。传统非遗大多源于特定的地域环境和生活方式，其内在价值难以被现代人所理解和接受。而数字化技术可以赋予非遗新的表现形式和应用场景，激发其生命力和创造力。例如，将非遗元素与数字艺术、动漫游戏、创意设计等领域相结合，开发出富有时代气息和艺术感染力的文创产品，能够吸引年青一代主动了解、传承非遗；利用虚拟现实、增强现实等技术，构建沉浸式、互动式的非遗体验空间，让观众身临其境地感受非遗的独特魅力，提升非遗传播的吸引力和教育意义。

参考文献

[1] 谢清果. 当媒介学遇上老学 [M]. 北京：九州出版社，2023.

[2] 李小华. 大众媒介语言研究 [M]. 广州：华南理工大学出版社，2023.

[3] 徐立力. 新媒体艺术研究 [M]. 北京：中国商业出版社，2023.

[4] 陈龙. 媒介文化研究. [M]. 上海：上海三联书店，2022.

[5] 原平方. 媒介传播研究文集 [M]. 北京：中国民主法制出版社，2022.

[6] 周忠元，付玲玲. 媒介传播与中国民俗文化话语体系构建 [M]. 北京：九州出版社，2021.

[7] 刘叶琳. 文学经典跨媒介传播的观念演变研究 [M]. 长春：吉林大学出版社，2021.

[8] 高晓虹. 智能媒介与传播 2020 [M]. 北京：中国传媒大学出版社，2020.

[9] 钱代友，贺波. 视频新媒体技术与应用 [M]. 杭州：浙江人民出版社，2024.

[10] 黄旦，周奇. 媒介、文化与知识传播 [M]. 北京：中国传媒大学出版社，2021.

[11] 杨剑锋. 体育、媒介与文化研究 [M]. 上海：上海人民出版社，2023.

[12] 谢清果. 中华文化理想人格的传播学研究 [M]. 北京：九州出版社，2021.